名画深读

名画中的建筑

许万里＼著

文化藝術出版社
Culture and Art Publishing House

目录

太清觀書

导 论

楼台界画是中国古代绘画中的一个重要门类，因画家在作画时需要使用界尺引线来描绘建筑的细部构造而得名。在早期的画史记载中，“界画”一词专指以亭台楼阁为主要表现对象，用界尺引笔画线的表现方法。随着时间的推移，界画的内涵有了一些变化。界画的表现对象，从广义上来说，它包括宫室、器物、车船等；从狭义上讲，它专指亭台楼阁。从魏晋到明清的发展历程中，这个画种一直未受到如同文人画一般的足够重视，并未成为画坛的主要类别，甚至一度为文人画家所轻视和排斥，被认为仅仅是展示工匠的技术品种。但其历史的发展一直有其自身的线索，在宋元时期达到了艺术创作的顶峰阶段，明清则渐趋衰落，近代从事界画创作的画家更是凤毛麟角。本书从中国传统绘画的众多主题中对有关建筑的图像内容和相关作品进行了详细的梳理，不仅包括原来专门描绘建筑主题的界画，也囊括了描绘建筑内容的其他类别的图像，立足于整理建筑类图像在画面中出现的形式、视角、风格等要素。

中国绘画对建筑物的描绘的时间很早，几乎与人物画同时出现。早期的建筑绘画形式主要表现为两种类型：一是作为人物故事画中的场景出现；二是实体建筑工程的设计图样。早期的建筑图像可以从留存至今的许多汉代壁画、画像石、画像砖艺术中看到，而在早期的历史文献中也记录有古建的内容。其中较早的是东汉王延寿所作的《鲁灵光殿赋》，此文展现了灵光殿栩栩如生的风采，让后人可以对灵光殿的雄伟外观，豪华的殿内装饰，精巧的栋宇结构以及它的整体风格和结构特色可以有深刻的了解。因此《鲁灵光殿赋》对研究汉代宫殿建筑特色有着重要的价值。

在《鲁灵光殿赋》中，作者引导着读者观看宫殿的顺序和视角，向我们展开了建筑的空间结构。赋文中向我们展示的观看顺序和内容如下：

宫殿结构规模 ⟹ 房间数量 ⟹ 穹顶 ⟹ 梁柱 ⟹ 梁栋雕饰 ⟹ 壁画图案

赋文中可以看出作者将屋顶的椽、柱、梁有机配合，纵横交错，鳞次栉比，由于对它们的形状及组合做了艺术的加工处理，起到结构与装饰的双重作用。加之比例匀称的外檐与斗拱，从而达到建筑的功能、结构和艺术的统一。文字和图像的结合使我们丰富了古代人对于建筑的整体性理解。

到了魏晋时代，对界画的界定有了具体的标准。东晋画家顾恺之在《论画》中曾有“台榭一足器耳，难成易好，不待迁想妙得也”的话，这是在画史、画论中第一次出现建筑名称“台榭”的说法。隋唐时又被称为“台阁”、“屋木”、“宫观”，到了宋代，郭若虚的《图画见闻志》中便有了“界画”一词。隋代时界画已经画得相当好。如唐代《历代名画记》中评论展子虔的界画“触物留情，备皆妙绝，尤垂生阁”；评及董伯仁的界画则赞道“楼生人物，旷绝古今”。据传李思训画有《九成宫纨扇图》、《宫苑图》等，也具有很高成就。到晚唐出现尹继昭，五代有卫贤、赵德义、赵忠义等人。

《历代名画记》的作者张彦远认为，界画的真正独立归功于隋代的两位画家，“杨（契丹）、展（子虔）精美宫观，渐变所附”。界画的早期形式还不同程度地依附于人物画和山水画的创作，以及建筑的设计。然而，独立后的界画立刻得到社会各界的欢迎，众多的画家以工谨绚丽的画笔，孜孜不倦地描绘着唐朝宫苑的华丽和帝王的奢移。其中最优秀的当推李思训、李昭道父子。李思训是唐宗室，因做过左武卫大将军，世称大李

图一 唐代敦煌壁画中的建筑局部描写

将军，其子昭道亦称小李将军。他们父子继承了隋代展子虔的画风，并有较大的发展。界画技巧更为成熟，建筑的形式更富于变化。而隐居于陕南辋川别墅的田园诗人兼画家王维，据传曾有描绘其居住的《辋川图》。作品青绿敷色，建筑依山傍水，层见叠出。王维的辋川别墅究竟是何种规模，已经难以考证，但这幅作品让我们了解了界画在唐代的另一种风格样式。值得一提的还有远在西域的民间画工和近在京城的民间画工，在敦煌莫高窟和懿德太子李重润墓室壁画中，也显露

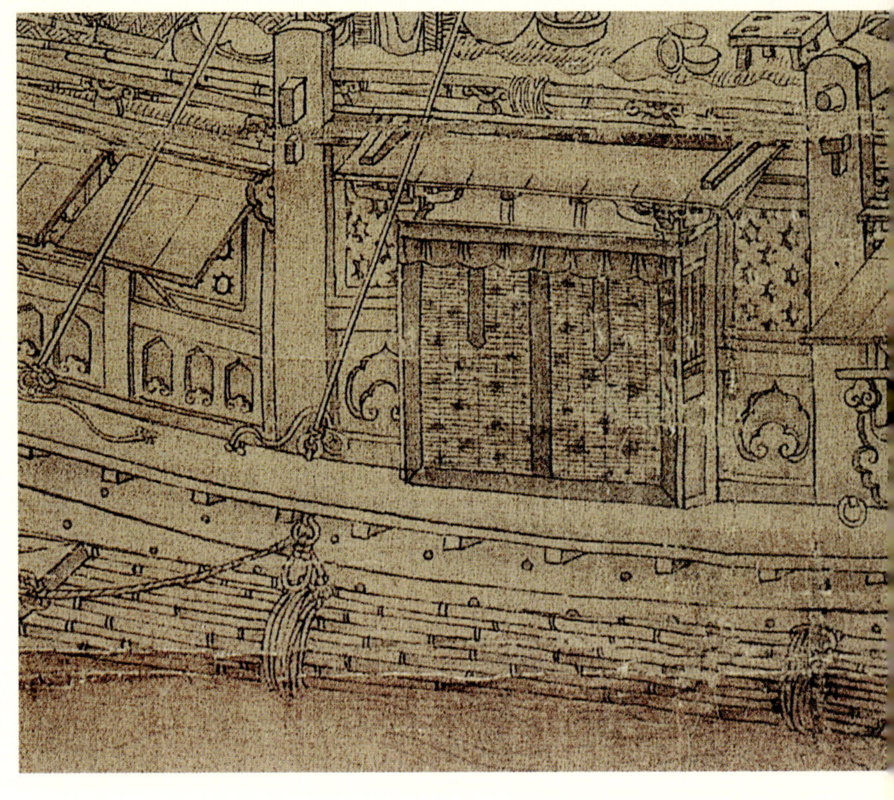

出惊人的艺术才华（图一）。他们对界画技巧的把握并不亚于那些画史中有名有姓的专业画家。未明姓氏的工匠们同样在这一领域作出了杰出的贡献。

五代是我国古代绘画发展的重要时期。宋代郭若虚的《国画见闻志》中曾记载这一时期的画家有91人，其中画佛道人物者最多，界画家与山水画家（包括兼善者）各11人，可见那时界画已成为人们所喜爱的绘画门类。这一时期最著名的画家有尹继昭、卫贤等，而最为显著的特点是画家具有一丝不苟的创作态度和卓绝的绘画技巧。据记载，有一天蜀后主命画院画家

图二 雪霁江行图局部的船体细部 宋代 郭忠恕

赵忠义画《关将军起玉泉寺图》，赵忠义植柱构梁，叠拱下昂，落笔似有神助。画完后，蜀后主命工匠校验画中的建筑结构是否准确，工匠经过反复检验，答道：“画中建筑如同真的一般，毫厘不差。”

宋代是我国古代绘画的鼎盛时期，也是界画发展的高峰期。这首先得力于统治阶级的喜好与参与。宋太祖时，皇家画院就有相当的规模。宋徽宗《瑞鹤图》中的屋顶就画得神采奕奕。在画院中，界画家的地位不低，有时甚至还高于其他画家。《宣和画谱》列界画“屋木”为诸画种中第三位。《宋史·选举志》

明确规定，界画家能迁升“待诏”的职位。在宋代的几百年里，画院的多数画家都能熟练掌握界画技法，故南宋邓椿说：“画院界作最工，专以新意相尚。”我们考察从历代流传的宋代绘画的画面细部则可知此语绝非虚言。

宋代产生了一大批杰出的界画家，如郭忠恕、王士元、吕拙、李嵩、赵伯驹等。其中最为优秀的当推郭忠恕，他的《唐

图三 岳阳楼图（局部） 元代 夏永

明皇避暑宫图》、《雪霁江行图》（图二）工而不板，繁而不乱，清俊秀逸。他以“俊伟奇物之笔，以博文强学之资，游规矩准绳中而不为所窘”的方法画界画楼阁，令人流连忘返。南宋的界画和山水画发展同步，作者不断探索新的构图形式，注重对客观景物作更为细致的描写。

元代的界画继承宋代的传统，但在精细工巧方面又有自己的特色。其中王振鹏的《金明池夺标图》将元代界画的特点展示得淋漓尽致。画中锦旗摇曳，金鼓喧天，楼阁一字排开，角连拱接，乘除相宜，毫厘之间清晰可辨，只是现存有六七幅构图近似的作品，令人不解。王振鹏的学生李容瑾，界画也很出色，有《汉苑图》传世。夏永、孙君泽是元代存世作品较多的界画家，他们的作品大都以风景名胜为题材，像《岳阳楼图》（图三）、《莲塘避暑图》等，表现了文人士大夫欢悦闲散的兴致，以及高阔雄奇，水天一览的气势。元代是文人画迅速发展的时期，画家抱着不仕元的气节，隐迹山林，寄情书画，追求“逸笔草草，不求形似”的创作原则。以工笔严谨、造型准确为创作宗旨的界画遭到排斥，画家急剧减少，出现了衰败迹象。

《明画录》中列到界画家仅二人：一为石锐，一为杜堇。其原因是“有明以来，以此擅长者益少，近人喜尚元笔，目界画都鄙为匠气，此派日就澌灭者”。这时，人们对界画的偏见已十分明显。“明四家”之一的仇英是明代最有成就的界画家。他

图四
沉香亭图
清代 袁江

的界画创作大都散见于山水人物画中，独立的倒不多见。他画的宫殿楼台，严谨细秀，发翠毫金，丝丹缕素，独树一帜。这时期还有一些不知名的画家，史无传载，但水平不低，像安正文的《黄鹤楼图》、《岳阳楼图》，绣窗雕栏，精细入微，是古代界画中的佳作。在各地博物馆还存有许多明代界画珍品，但却不知道作者是谁，像台北故宫博物院藏的《越王宫殿图》，上海刘海粟美术馆藏的《游春图》等。

清代可以说是中国古代界画发展史上的绝响。清代界画家由两部分组成：一是以袁江、袁耀为代表的聚集在江南一带的界画家，他们或师承，或朋友，勇于探索，创作活跃，是清代中前期界画创作的主流；另一部分画家居住京城，大都为清代如意馆画师，条件优越，但作品内容多是为统治阶级歌功颂德，技法上也过于板刻。袁江、袁耀为叔侄，画史所载极为简略，只知道袁江初学仇英，中年又得无名氏画稿学习，使画技大有提高，也曾在清如意馆服务过，并被山西盐商邀请到太原作画；袁耀师学袁江，也有与袁江相类似的经历。从他们现存的作品来看，宋代阎次平的界画风格影响了袁江、袁耀的创作。“二袁”的界画楼阁描画工整，雍容端庄，建筑样式较以前有更多的变化，而且能绘巨幅大作，传世作品也很多，对后来的界画家产生了不小的影响（图四）。

清宫的如意馆虽不像宋代画院那样兴盛，但也有一些画风

沉香亭 庚子壮月
邗上袁江

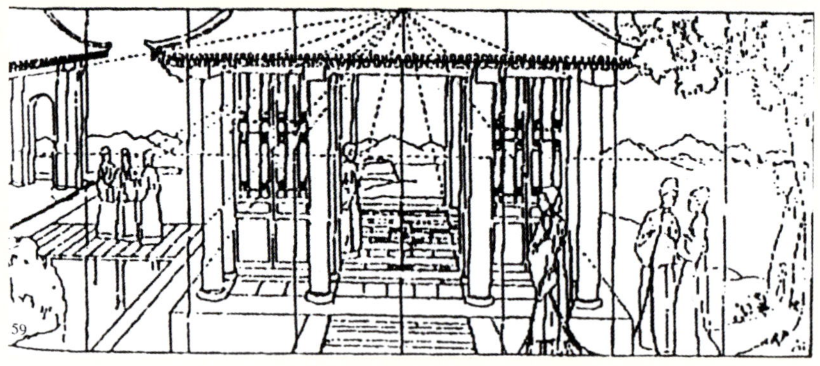

图五 清宫藏油画仕女屏风

为统治者喜爱的画家，像焦秉贞、徐扬、冷枚等。他们既长于山水，又兼善楼阁，创作题材大都以清廷园林建筑、皇帝出巡的宏大场景为主。作品严谨细密，但缺之个性。画史中有记载的界画家，清代并不少，像高其佩这样的文人画家也能兼善界画，北京故宫博物院存有其《仙山楼阁图》。可见界画艺术仍为画家和民众所喜爱，只是缺少像袁江、袁耀那样富有创造性的画家（图五）。近现代擅长界画者更少，直至近年江西画家黄秋园的多幅界画作品才被人们发现，对此有人曾评价道：“秋园先生潜研六法，山水之外，兼及它科，界画尤为精绝，并世莫俦。”他的界画远宗唐宋，雍容典雅，具有很强的感染力。现在从事中国画创作的人，以百万计，但研究和创作界画的人则寥若晨星，十分少见。

清明上河图

《清明上河图》全卷有5米多长，共绘人物684个，牲畜96头，房屋122座，树木174棵，船25艘，车15辆，轿子8顶，将当时开封郊外的田园风光和汴河两岸的繁忙景象，尤其是沿河两边房屋建筑的特色忠实地反映在画卷上，真实地描绘出北宋社会衣、食、住、行的全面现实。

《清明上河图》采用中国传统绘画中常见的手卷形式，以全景式构图。画家以鸟瞰的角度，不断推移的视点，将汴梁城当年的一组组建筑群落一一展现出来：农舍、村镇、店铺、桥梁、城楼、茶坊、酒肆、寺观等，虽类型繁多，方位各异，但组织构图有条有理，平行透

清明上河图
宋代 张择端
绢本 设色
24.8cm×528.7cm
故宫博物院藏

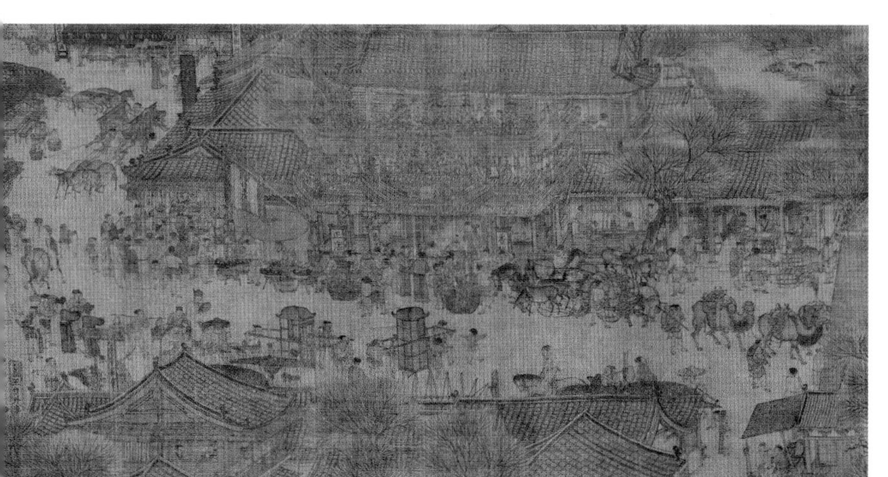

视和散点透视相结合的表现手法，更引观者进入一个俯仰顾盼、以游无穷的城市空间。张择端在描绘时兼工带写，有的房屋以界尺画成，有的地方则徒手写就，同时还注意到人物的穿插与周围环境的协调，段落节奏分明，设色淡雅，整幅图卷丝毫没有一般楼阁界画的呆板单调。

欣赏《清明上河图》可分三个段落：

首段是汴京郊外的春光。层层叠叠的树林中，掩映着几户农家。农家的生活显然并不富裕，茅舍都比较简陋，墙身很矮，偶有几间是以茅屋和瓦屋相结合，构成一组房屋。坑洼的土路上，两个脚夫正赶着五头毛驴向城市走来。路旁一片柳林，枝

清明上河图（局部）

头刚刚长出新叶，使人略感清明时节大地回春的暖意。不远处几人抬轿走来，轿内坐一妇人。轿后跟随着骑马的、挑担的，从京郊踏青扫墓归来的人群。环境和人物的描写，点出了清明时节的特定时间和风俗，展开了全画的序幕。

中段进入繁忙的汴河码头。汴河是北宋国家水运的枢纽，是商业交通的要道。从画面上可以看到人烟稠密，粮船云集。沿河岸的商铺基本上都是正面面向与水路平行的街道而开，以背面面向水路。不过也有几间沿水路设入口，这样船夫就可以从船上直接进入其中。

汴河里船只往来，首尾相接，有的满载货物，逆流而上；

有的靠岸停泊，正紧张地卸货。一座规模宏大的拱桥横跨在汴河上，它结构精巧，犹如飞虹，人们都叫它“虹桥”。这时正有一只大船想从虹桥下钻过，只见船上的船夫们有用竹竿撑的，有用长竿钩住桥梁的，有用麻绳挽住船的，还有几人忙着放下桅杆，以便船只通过。邻船的人也对着他们指指点点地大声吆喝什么，而桥上的人也伸头探脑地驻足围观，好一派热闹繁忙的景象！

桥是画中最为醒目的建筑物。观者的目光被画家匠心独运的手笔引导到画面的中心位置，看到全画的主要活动就是在桥梁之上发生的，无异于画中人物活动的主要舞台。《清明上河图》中共出现过三座桥。虹桥是其中最大的一座，它正好位于画卷的中央，是整幅画的中心，因此也最为精彩。虹桥桥头的左右各立着柱子，木制的柱子很细很高，接近顶部有交叉的十字形架，顶部立着仙鹤，这是桥的标识——华表。桥的上面还有人在支摊卖东西。在中国，这种在桥头形成的市场很多，因此桥往往也是城市繁华的象征。

虹桥因形如彩虹而得名，所以是没有桥脚做支柱的，这也是为船行的便利而设计。北宋孟元老的《东京梦华录》中曾记载架在汴河上的桥原来没有用到柱子，而全部由木材组合而成，下部也没有支撑。红色漂亮的船衬托着飞架的桥，如同彩虹一般。可见《清明上河图》所绘与书中记述的桥从形状到构造都是一致的。当代桥梁专家还专门仔细解析了《清明上河图》中这一虹桥的力学构造，得出的结论是：图中所绘桥梁的每一个细部都有正确的比例，技术上也可能完成。根据他们的研究，桥幅大约宽10米，从水面开始高5米，河两岸的跨度在20米左右。作为中国现实主义的杰出代表作，《清明上河图》对宋代建筑的描绘可以说是精确到了细部，并且经得起后人的仔细推敲。

接着往下看，画的最后一段正式进入热闹的市区街道。高大的城楼是城郊分隔的标志。城内屋宇林立，有茶坊、酒家、肉铺、商铺、庙宇，等等。此外还有医药门诊、大车修理、看相算命、修面整容，各行各业，应有尽有。

观察城内的商业建筑结构，店铺屋顶以悬山顶居多，但出山不远，这可能是因为商业用地紧张，房屋密连，而悬山顶交叉组合较为容易，且本身构造也较简单，成本较低。不过在街的拐角处也可见歇山十字脊屋顶建筑，这无疑丰富了城市的天际线。

《东京梦华录》中还有记载："凡京师酒店门首，皆缚彩楼

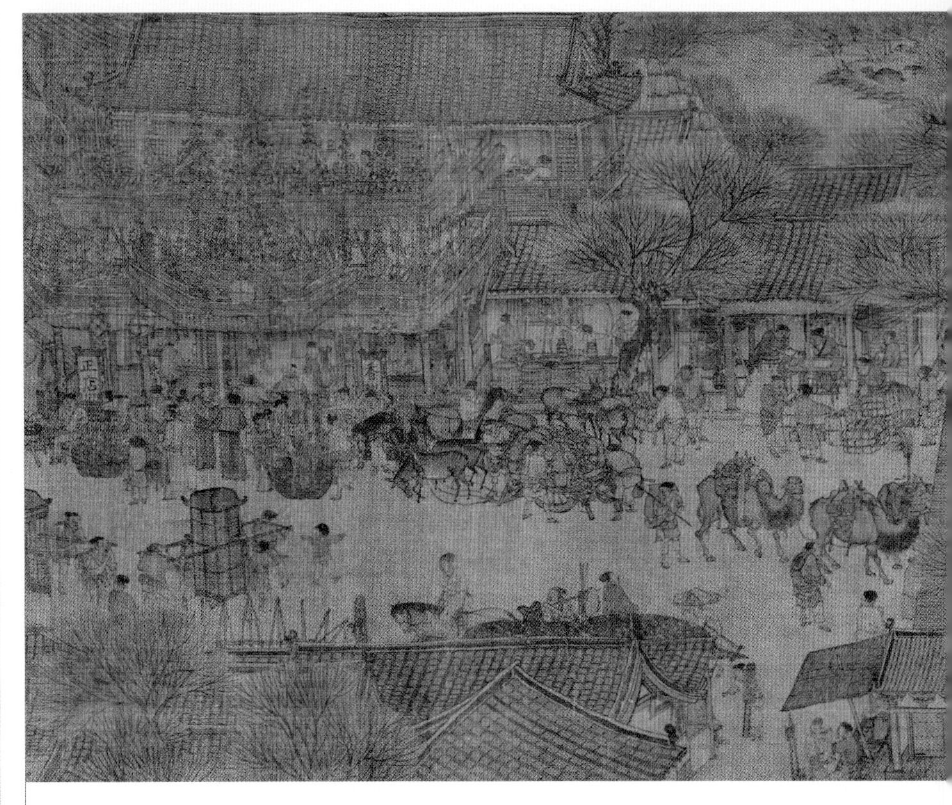

欢门……”彩楼欢门是一种门前的装饰，是用许多长木杆捆绑成门框，上部绑成攒尖顶的形式，棍上饰以各种花结，灯笼彩带等，实质上就是一种彩楼广告，使店铺便于识别，能够吸引路人的注意力。由此可知宋人已意识到了店面装饰的好坏会直接影响到经济效益，同时彩楼欢门也迎合了人们追求奢侈华贵的心理。

《清明上河图》中绘有彩楼欢门的位置多达七处，除了“刘家上色沉檀楝香”一家医药铺外，其余都是酒店。由于店家的资本厚薄不一，所以彩楼欢门的大小不同，装饰程度也不同。有字号可见的如“孙记正店”、“十千脚店”，彩楼高耸，气派壮

清明上河图（局部）

观。而无字号的酒店门前，其绣旗酒招亦可辨认。孙记楼内生意兴隆、高朋满座，酒楼门前车水马龙。街市上的行人摩肩接踵，川流不息，有做生意的商人，有看街景的行人，有骑马的官吏，有叫卖的小贩，还有乘坐轿子的富家人，男女老幼，三教九流，无所不备。如此热闹的光景，被画家安排得有条有理，杂而不乱，引人入胜。

华灯侍宴图

华灯侍宴图
宋代　马远
立轴　绢本　淡设色
125.6cm×46.7cm
台北故宫博物院藏

《华灯侍宴图》以俯视的角度写华灯初上时分，官员们随皇帝宴饮观舞的情景，并在全景山水的描写中，烘托出了室内的豪华与欢乐气氛。图中隐约可见几位官员屈身随侍皇帝饮宴。宫殿之外，乐舞的宫女摇曳着身姿；大殿之外的树木好似也随着音乐起舞，姿态横生。这些树林由近而远，渐渐隐没于雾色之中，只见宫殿后矗立着几棵松树和远处云雾中的一抹青山。中景的松树刻画很具特色，用笔瘦硬如屈铁，枝条长而斜向出，所以有“拖枝马远”之称。

马远，宋代杰出画家，字遥父，号钦山。原籍河中（今山西永济县附近），侨寓钱塘（今浙江杭州）。父世荣、伯父公显、兄逵都是画院画家。初师李唐，能独辟蹊径，自成一家。他画树石等用郑虔的淡彩法，又颇类于巨然。

朝回中使傳宣命
父子同班侍宴榮
酒捧倪觴祈景福
樂聞漢殿動韶聲
寶瓶梅蕊千枝綻
玉柵華燈萬盞明
人道催詩須待雨
片雲閣雨果詩成

兼画山水、人物、花鸟，有轩昂闲雅之气，与同时的夏圭合称“马夏”。在构图方面，他善作平视或仰视的构图并将复杂的景色给以高度的集中和概括。画山常画山之一角，或“马半边”。对他简洁有力的构图称为“边角之景”。他又多用水墨，画楼阁用“界画”；笔法豪放而谨严，变化多而融合。历代评画者评他是“水墨苍劲”的风格。现存画水的作品用各种轻重不同的笔法，把平远、迂回、盘旋、汹涌、激撞、跳跃，以及微风吹起的微波，月光反映的滟荡等水的动态画得十分动人。

马远之作，下笔严正，用雄奇简练的笔法，表现树枝挺坚有力，水墨苍劲，用焦墨作树石，石皆方硬，危崖峭壁。树干瘦硬如屈铁，但刚健中又见柔和，其笔法豪放而谨严，变化多而融合，刚柔相济，豪放又严谨，整体上给人以气势纵横、雄奇简练的印象。宫殿作界画，工整有余而精丽不加，大殿为五开间殿宇，右侧接其他殿，但图中没有画出——作者习惯性地将这一我们不知是否为偏殿的殿宇安排在画面偏右侧的位置上，以便给左侧的树木留出足够的空间，但殿内的装饰和器具尽显宴会的热闹情景。

在绘制这幅画时，画家虽然没有使饮宴的帝王群臣直接出现在画面上，他给了观画者一个从户外远眺殿内的角度，观者大略可见殿内人物活动的情景，但并不十分清晰。作者的兴趣也并不在细写堂内宴席与众宾客的活动上，他的独特构思在于成功表现外部环境，他借着殿外摇曳生姿的树木和墨色浓淡烘染出的雾色变化，烘托出夜色中宫廷宴饮的欢庆气氛。从构图上看，一座孤零零的殿宁矗立在自然景色之内，或许这便是画家所要的效果：殿内的君臣侍从沉浸在一片歌舞之中；而观者则与作者一道，除了感受宴饮之乐，还被近景的树、中景的松树、远景的山和苍茫的夜空所营造出的山水之乐所吸引。

画家虽然没有让饮宴的帝王直接出现在画面上，卷轴上的题诗却点出了画题："朝回中使传宣命，父子同班侍宴荣，酒捧倪觞祈景福，乐闻汉殿动驩声，宝瓶梅蕊千枝绽，玉栅华灯万盏明，人道催诗须待雨，片云阁雨果诗成。"这首诗为南宋宁宗杨皇后所题，生动地记载了她一家荣宠侍宴帝王的情景。这位皇后所具有的书画素养，在历代的后妃之中可称历史罕见。她曾经在当时多位宫廷画家，如朱锐、马和之、刘松年、李嵩、马麟等的画作上题诗，足见她个人的修养和对绘画的热爱。这首长诗和画作都是描写晚宴的情形。

马远在继承前人山水画传统的基础上有所突破，这是他对山水画形式美感探索的可喜成就。

景德四图

景德四年三月台輔臣對太清樓啓扃饋觀
太宗聖製御書及新寫四部羣書
真宗親執目錄令黃門舉書示之凡
太宗聖製詩及墨迹三百七十五卷文章九十二卷
四部書二萬四千一百九十二卷過水亭放生池又
東至玉宸殿蓋退朝宴息之所中施御榻帷帳皆黃
繒無文彩飾殿中聚書八千餘卷
上曰此惟正經史屢校定者小說他書不預歷翔鸞
儀鳳二閣眺望命坐置酒
上作五言詩從官皆賦
臣等曰
真宗乘清宴之間博覽書林玩古自適既以弭遊
佚杜侈欲故太清玉宸之藏得於先訓
太宗嘗曰朕聽政之暇未嘗晝寢讀書寫書日
得其趣開卷見前代廢興自爲鑒戒其未聞未
見之事多矣該以見聖人寄懷翰墨念經國思
政之重也

景德四图（太清观书）
宋代 佚名
册页 绢本 设色
33.1cm×60cm
台北故宫博物院藏

本幅采用“右图左史”形式，记录了宋真宗景德四年（1007）的史实，以楷书标题，附文记史。“太清观书”为真宗召群臣于皇家藏书处太清楼，观太宗圣制御书及新写四部群书的情景。画家作正面俯瞰式描绘，虽是王宫的一部分，但处理手法非常朴实。建筑结构单纯，界画线条简劲有力。

殿身面宽七间，当心间（居中的一间）柱距较大，次间、梢间、尽间递减。“间”是指房子结构中两柱之间的空间，只有王公可建有七间正厅的房子。匾额宋《营造法式》称之为“华带牌”，悬挂于楼

太清
觀書

景德四图（太清观书）（局部）

阁上层前榷止中，牌心书有“太清观书”四字。重檐歇山顶（宋称九脊殿），正脊两端有吻装饰，尾尖卷曲向内，与正脊相接处张口吞脊。垂脊与岔脊端有兽头作结束，无仙人蹲兽。中国古代高层建筑是由台基、柱身、斗拱、犀檐、平坐沿垂直线方向逐级叠加而成，斗拱是减少横梁与立柱交接点上的剪力所特有的部件，由若干梯形木块斗和肘形横木拱层层装配而成。此图斗拱用材较大，合乎宋代规定的七间殿宇的用材。担下一周在柱头处使用“一斗三升”（在正心拱上用三个小斗托着正心枋），没有补间斗拱，简练有力，颇显疏朗。

殿堂采用唐宋时期“两阶制”设东西阶的做法，主人就东阶，客人就西阶，供宾主升降之用。堂前廊道及踏道两侧皆围以《营造法式》所载之“单钩栏”，单钩栏的形式由上而下安寻杖（扶手）、盆唇和地袱，在寻杖与盆唇之间施瘿项云拱，其下再立间柱，安装实心栏板。画中亦可见散水砖设于台基下四周，以受檐上滴下之水。

四景山水图

刘松年，生卒年不详，钱塘（今浙江杭州）人，南宋孝宗淳熙年间为画院学生，光宗绍熙时为画院待诏，直至宁宗时仍在画院供职。刘松年精于楼阁界画，山水人物描写亦颇精彩。在界画中，他常将楼台建筑与温润清幽的山水结合在一起，配以点景人物，表现出秀美的江南园林之景。因居清波门而人称“暗门刘”。与李唐、马远、夏圭并称“南宋四大家”。

《四景山水图》绘春、夏、秋、冬四景山水各一段，共裱于一卷，描绘了幽居于山湖楼阁中的士大夫闲适的生活。本幅无款印，后有明李东阳题记一则：“刘松年画考之小说，平生不满十幅，人亦难得。此图四幅，写作数年乃成。今观笔力细密，用心精巧，可谓画之圣者。”钤“春和园鉴藏”等收藏印24方。《庚子销夏记》中有著录。全卷画风精巧，彩绘

四景山水图（之一）
南宋　刘松年（传）
绢本　设色
每幅纵41.3cm，
横各幅不等67.9cm至69.5cm之间
故宫博物院藏

清润，季节渲染十分得体，笔墨苍逸劲健。其中界画屋宇丝毫不爽，继承了传统界画用笔严谨的特点；山石用小斧劈皴，于刚健中蕴含滋润。

春景画堤边庄院。堤边屋外已柳绿桃红，远山下晨雾迷漾，杂树小草出现生机，给人以春意盎然、心情舒展的审美感受。堤头两侍童相互交谈，牵马携盒向小桥走去；阶下童仆正清理担具，是将要随主人骑马春游还是陪主人倦游归来，不得而知。画幅右侧绘一精致楼舍，宽大的人字坡楼顶引人注目，二楼之上垂帘未卷，似乎有人春睡，被窗前婆娑树叶掩映，更勾人联想。院墙向远处延伸，表明这一院落面积很大，画家有意模糊处理，而不是将成片楼舍作具体化描绘，使春景诗情意境更加悠远。门前的杂石花木、小桥堤岸，院后的青山绿松，这

四景山水图（之二）
南宋 刘松年（传）
绢本 设色
每幅纵41.3cm，
横各幅不等67.9cm至69.5cm之间
故宫博物院藏

样的处理显然体现了“风水”意识，此处也正是文人士大夫们心中理想的幽居之所。

宋代界画中的景观分布在不同程度上显示出宋人理想中的居住模式。在刘松年笔下，建筑与景观的布置关系清晰地体现了这种趣味。夏景中画湖边水阁凉庭，前屋正中以廊接临水敞厅，呈工字屋。敞厅前面是平地，以湖石点缀，四周花木丛生，以桥伸向水中一座方形歇山顶水榭，其下有栏杆，可凭栏眺望水景或观湖面上田田荷叶，颇似《西湖十景》中白堤上的“平湖秋月”。住宅前屋有廊连接左右厢房，而正房被山石掩住，没有画出。主人端坐中庭纳凉观景，旁有侍者伫立。远山清淡，湖水无皱，平静之韵如身临其境。

南宋的山水画由北宋全景式的构图到小景式和残景式的构

四景山水图（之三）
南宋 刘松年（传）
绢本 设色
每幅纵41.3cm，
横各幅不等67.9cm至69.5cm之间
故宫博物院藏

图，由充实到空灵，这种画风的出现也是顺应当时文人们的社会心理和审美需求的。另一方面，刘松年供职于南宋画院，南宋都城在山清水秀的临安（今杭州），当时朝中高官显贵们在此地建造庭园别墅者为数不少，刘松年长期生活于其间，描绘起来自然得心应手。《四景山水图》便是表现士绅官僚优裕闲适生活的优秀作品。

与春景和夏景相比，秋景的苍郁之感跃然纸上。画中老树经霜，朱紫斑斓，庭院环绕以矮墙，起于临水的陆地之上；院中有小桥曲径通幽，与外部湖山景观相隔，构成适于人居的空间。庭中窗明几净，室内独坐一人远眺室外红树青山，长几上摆放着瓶、书籍和鼎形香炉；隔壁房间中有侍童汲水煮茶，一派闲情逸趣。山石用墨厚重，皴法郁然，与冬景中山石锋利的

小斧劈皴对比明显，体现着季节的变化。

冬景画湖边四合庭院，高松挺拔，苍竹白头，远山近石，地面屋顶，白雪皑皑。四合院分为前、后两院。前门是简单的随墙门。中门比较复杂，门本身为悬山顶，左右各接一座屋顶较低、进深较小的歇山顶耳房，门后又接出一座卷棚顶抱厦。主院以廊庑围成，正房没有画出，左右厢房各三间；中堂一女子开帘探望，颇多生活情趣。此宅处在优美的山水环境中，前门之前为空地，再前连接一座木拱桥。院子一侧紧接江河，其厢房以吊脚柱架立于水中，临水开落地长窗，可欣赏山光水色。桥上一人在侍者的陪同下骑驴撑伞，缓缓前行，不知为了寻章觅句还是访客会友，颇多闲适之趣。前景中三棵巨松在画面中占相当尺幅，这一象征高尚情操的植物在寒冬中郁郁华

四景山水图（之四）
南宋　刘松年（传）
绢本　设色
每幅纵41.3cm，
横各幅不等67.9cm至69.5cm之间
故宫博物院藏

滋，略减寒气。从这些精致的建筑可以推测，这些都是贵族或士大夫们的山庄、别墅，这一派江南气象中，也寄托了画家归田园居的美好愿望。

在《四景山水图》中，我们不仅可以欣赏到四季美景，而且还能领略到中国古代园林建筑的独特风格。当时钟鸣鼎食之家，不但追求住宅的奢华考究，与自然的融合也是他们的追求。

画家的立意不仅是描写四季的自然风光，人和自然的关系——画中的主角还是人，人物的出现使画面添加了不少生活气息。同样的堤、桥、树、石和住宅，画家利用不同的组合方式，在空间中呈现它们，使观者感觉不到视觉上的雷同。在不雷同的同时，画家还运用精练的艺术技巧创造出适合表现四季不同特征的景物，经过他的艺术提炼和加工，最具季节特点的景物被描绘得恰到好处：春之欢畅，夏之清旷，秋之幽静，冬之寂静，充满着诗情画意。

《四景山水图》的笔法继承了李唐精密、凝重的特色，生动、变化不如李唐，而倾向于工整、秀劲，并根据不同的内容采用不同的笔法。例如楼台亭阁的画法完全是传统的界画用笔严谨完成；园内堤边的树木，勾点结合，用笔细劲秀挺；远山以淡染为主；近处山石的小斧劈皴刚毅中蕴含滋润，或横笔，或竖笔，很有规律，却又有疏密、浓淡、干湿的变化。这些不同法既吻合个别对象的特征，又能协调一致，丰富了画面的节奏变化。

总之，南宋的小景山水在全景式雄伟山水画外别开新境，以引人入胜的情趣、富有诗意的小景见长，引后人津津乐道。

黄鹤楼图

鹤在我国传统文化中是长寿吉祥的象征。而在神话故事中，这种优美飘逸的禽鸟是入道升仙者的座骑，因此它也有了“仙鹤”的美名。江南三大名楼之一的黄鹤楼，其名就与仙鹤颇有渊源。

相传一千多年前，有位姓辛的老人在蛇山（今武汉境内）上开了家酒店。一位道士常来此饮酒，可他回回喝酒不买酒菜，只用随身带的水果下酒。店主揣想他一定清贫，便执意不收他的酒钱，道士也不推辞。一天，他用橘子佐酒，饮罢，用橘皮在酒店的壁上画了一只黄鹤，并告诉店主：“等客人来了，拍几下手，黄鹤便会下壁起舞助兴。”店主照做，立即轰动全城，酒店从此生意兴隆。几年时间，姓辛的店主就将小酒店改建为楼，取名“辛氏楼”。十年后，道士回到辛氏楼，取笛吹奏，片刻间白云飞来，黄鹤下壁，道士跨上黄鹤直上云天。后来，辛氏店主为纪念这位帮他致富的仙翁，便将“辛氏楼”改名为“黄鹤楼”。

这段神奇般的传说吸引了不少文人雅士。可实际上，黄鹤楼在兴建之初，却只为实用。据载是三国时，东吴为了屯戍的需要，在蛇山黄鹤矶上建楼，故名“黄鹤楼”。当初不过是作战驻守之用的瞭望楼，后来经重修改建，逐渐成为文人宴客、会友、赏景的旅游胜地。历代的名人如崔颢、李白、白居易、贾岛、陆游等都曾先后到这里游览，并吟诗作赋。其中被誉为黄鹤楼千古绝唱的是唐代诗人崔颢的一首：

昔人已乘黄鹤去，此地空余黄鹤楼。
黄鹤一去不复返，白云千载空悠悠。
晴川历历汉阳树，芳草萋萋鹦鹉洲。
日暮乡关何处是？烟波江上使人愁。

短短八句诗将黄鹤楼的历史典故、风情景物以及诗人触景生情的感慨抒发得淋漓尽致。后来李白也登上黄鹤楼，放眼楚天，胸襟开阔，诗兴大发，正要提笔写诗时，却见崔颢的诗，才高气傲的李白也自愧不如地说：“眼前有景道不得，崔颢题诗

黄鹤楼图
元代 夏永
册 绢本 水墨
20.7cm×26.8cm
美国大都会美术馆藏

在上头。”崔颢题诗，李白搁笔，千古绝唱，文坛佳话更使黄鹤楼名噪天下。也正因为有了文人雅士的渲染，黄鹤楼才屡毁屡建，且建筑构造愈来愈宏伟。

有一种迷信的传说，说黄鹤楼是由神匠施工的，只有一根柱子落脚，因此过几年就火烧一次。此说虽有些离谱，但从黄鹤楼建成至今1700年间，兴废确已不计其数，仅清代就七建七毁。据古时大量诗文、碑记等文字资料可知，各代的黄鹤楼风格不同，宋楼雄浑，元楼堂皇，明楼隽秀，清楼奇特。我们可从流传下来的几幅《黄鹤楼图》，对黄鹤楼的历史变迁了解一二。

现存最早的《黄鹤楼图》是宋时的一幅佚名界画。从画面看，黄鹤楼已成一座建筑群体，两层楼雄峙在紧连城墙的高台之上。主楼屋顶单檐十字脊，周围有小轩、曲廊、重檐华亭环绕。宋代建筑布局有一个特点，就是沿着轴线排列若干四合院的组群布局，以加强纵深感。有一些组群的主要建筑已不是由纵深的两三座殿阁组成，而是四周以较低的建筑拥簇中央高耸的殿阁，成为一个整体，这幅《黄鹤楼图》正印证了宋时建筑的这一特点。

从活动于元末明初的界画家夏永所绘的《黄鹤楼图》，可见元末的黄鹤楼于典雅中更显堂皇，界画楼台建筑雄伟壮观，仍然是两层楼，但楼顶已变成重檐歇山式，没有了十字脊。登楼观光的人们形态各异，远眺群山起伏，天空中一人乘鹤飘然而去，道路上行人纷纷朝天而拜，表现了黄鹤楼的神话传说。和《岳阳楼图》构图一致，在《黄鹤楼图》上方的空白之处，画家也以细笔小楷赋文一篇。

活动于明初的安正文描绘了一幅《黄鹤楼图》。大雪后的黄鹤楼，银装素裹，气势雄伟。还是两层建筑，连长廊，重檐歇山顶上附加了两个垂直方向的小歇山顶，撑起的遮阳篷下，数位雅士正展开画轴赏鉴品评，回廊上的游人和山门前的旅客皆仰头拱手目送仙人乘黄鹤而去，气氛肃穆而庄严。黄鹤楼以界画方式描绘，细致工整，而坡石、野草、苍松则以浓重、粗犷、写意的笔法画出。据地方志载，明代黄鹤楼曾三毁三建。其中明中期弘治、正德年间的整修之后，黄鹤楼“光彩炫耀”，形制变成“下隆而上锐，望之如笋立”的楼阁式建筑。遗憾的是，从留存至今的几幅明代《黄鹤楼图》中，无法看到这一变化。

黄鹤楼在清代又经历七次重建和大的整修。其中顺治十三年（1656）的改建使楼的造型和风格发生很大变化。此次改建，黄鹤楼由前朝的楼阁式变为了塔式建筑的形式，即变为“其形正方，四望如一”，攒尖顶。这种建筑具有楚文化及湖北地方特色的建筑风格，形成了整个清代及今日黄鹤楼建筑的雏形。

所谓“国运昌则楼运盛”。最后一座黄鹤楼建于同治七年（1868），毁于光绪十年（1884），此后近百年的时间里都未再重建。今天的黄鹤楼是于1985年6月建成的。主楼以清黄鹤楼为雏形设计，飞檐五层，攒尖顶，金色琉璃瓦屋面，楼的平面设计为四边套八边形，谓之“四面八方”。从楼的纵向看，各层排檐翘角形如黄鹤，展翅欲飞。整座楼雄浑之中又不失精巧，富于变化的韵味和美感。最重要的是，整个楼体都是钢筋混凝土仿木结构，黄鹤楼终于可以摆脱上千年来屡屡毁于大火的厄运。

岳阳楼图

古人诗云:“洞庭天下水，岳阳天下楼。”坐落于湖南省岳阳市的岳阳楼，自古就与武昌黄鹤楼、南昌滕王阁并称为“江南三大名楼”，它依山傍水而建，东毗碧波万顷的洞庭，西临浩浩荡荡的长江，气势恢弘。千百年来，登上岳阳楼，把酒临风，吟诗咏文，便是迁客骚人仁人志士的风雅之举。

根据史料记载，岳阳楼的前身是三国时驻守巴丘(今岳阳一带)的东吴名将鲁肃为训练水军而建的阅军台。到两晋南北朝时期(约280年左右)，因巴丘改建为巴陵城，阅军台也随之重修，改建为巴陵城城楼。从此这座简陋的军事设施成为公共的游览场所。当时它还不叫“岳阳楼”，因为楼是建在西门城上，有叫它西楼的，也因为该楼濒临洞庭湖，又有人称它为“洞庭楼”。

“岳阳楼”一名的得来是在唐代，巴陵城改为岳阳城，城楼自然也就叫做“岳阳楼”了。盛唐之际，经不断扩建的岳阳楼已极具规模，李白、杜甫、白居易 、李商隐、刘禹锡、孟浩然等著名诗人相继登楼吟咏，岳阳楼声名日益远播。不过岳阳楼

岳阳楼图
五代 李昇（传）
绢本 墨笔
23cm×23.3cm
台北故宫博物院藏

真正名满天下还是在滕子京重修，范仲淹作《岳阳楼记》以后，那脍炙人口的“先天下之忧而忧，后天下之乐而乐”，“不以物喜，不以己悲”的名句，使岳阳楼承载了更多的人文意义。

此后，元、明、清各代亦有无数诗人名家在此登览胜境，他们凭栏抒怀，或记之于文，或咏之于诗，也有的将其形之于画。其实历史上不仅诗人文豪好为岳阳楼吟诗作赋，画家也喜欢对其反复描摹，将它伟岸的形貌记录在咫尺画幅之内，因此岳阳楼也是中国传统绘画创作中一个久写不衰的主题。

现在所知的最早以岳阳楼为创作题材的画家是元代著名的界画大师夏永。夏永一生画过许多幅《岳阳楼图》，流传至今的就有四本之多，其中时间最早的是一幅扇面。从画面可见，当时的岳阳楼高三层，巍峨屹立。楼左悬崖峭壁，老树苍松穿插其间，掩映成趣。楼前是烟波浩渺的洞庭湖，数座远山隐于云雾中，场面宏大。岳阳楼的建筑细节，如飞檐、梁柱、壕栋、斗拱、围栏等处，画家也一一作了具体而精致的描绘。楼内上下还绘有许多骚人墨客于其间，他们或游览休息，或侃侃而谈，翔实生动，使人有几可走入画中之感。

在这幅《岳阳楼图》的右上方空处，画家还以蝇头小楷题有范仲淹的《岳阳楼记》全文，这些题字不仅“小如蚁目”，与全画的细密风格相和谐，同时也补充了画意，增强了画作的文学性和抒情效果。

明朝的宫廷画师安正文也绘有一幅《岳阳楼图》，其造型和前朝大不相同。楼由三层变为两层，楼顶也由重檐歇山顶变为重檐八角攒尖顶。画史对安正文鲜有记载，不过从他留存的这幅《岳阳楼图》看，比例构造准确合度，线条劲挺，不但勾勒出明代岳阳楼的形制风貌，连洞庭湖旁的木制牌坊以及湖中的木舟也用界画的方法真实细腻地表现出来。画中还可见游人在岳阳楼上弈棋、眺望、谈天、吟诗，岸边船上的船工忙着收帆抛锚，石阶上的游客等待着乘船渡江，整幅画交织着动静忙闲，生意盎然，完全再现了岳阳楼当年的风采神韵。这幅图也足以显示这位明宫廷画师的非凡技艺。

明朝中期的吴门画家谢时臣创作的《岳阳楼图》是描绘岳阳楼的另一幅巨制。与夏永、安正文笔下精细描绘的繁复华丽风格不同的是，他笔下的岳阳楼只是一座简略概括的两层楼阁，如果没有画中作者的题字，后人很难辨识这座省略了许多结构特征的建筑就是著名的岳阳楼。不过从画面中占据大多数空间的弥漫云雾和浩瀚湖水来看，画家刻意追求的不是实体建筑本身，而是要营造出岳阳楼“衔远山，吞长江”的宏伟气势，因此整幅作品带给我们的不仅是建筑的鬼斧神工，更是文人画家所追求的气度与胸襟，使人不由引发“先天下之忧而忧，后天下之乐而乐”的思古之情。

滕王阁图

江南三大名楼中，江西南昌的滕王阁建楼时间最晚，建于唐永徽四年（653），由唐高祖李渊的第二十二子李元婴所建。李元婴时任洪州（今南昌）都督，受封滕王，因此洪州官员就以其封号命阁名，故称“滕王阁”。然而滕王阁的名噪天下，却不是因为滕王李元婴。相传李元婴一生骄奢淫欲，声名狼藉，唯一的业绩恐怕就是兴建了滕王阁。而他当年大兴土木建高阁，本意只为逞其“游观宴集之欲”。倒是文坛“初唐四杰”之一的王勃，以其14岁的年龄，写就了千古名篇《滕王阁序》，从此序以阁名，阁以序传。王勃一序垂千古，滕王阁也有了千古的盛名。

元末画家夏永的传世作品中就有这座著名的古建。据画史记载，他擅长描绘台阁建筑，创作过多幅《岳阳楼图》、《黄鹤楼图》，当然也不会遗漏著名的滕王阁。现今收藏于美国波士顿美术馆的这幅《滕王阁斗方》，精细表现了这座千古名阁壮丽堂皇的气势。夏永的界画传世较多，如扇面就有《岳阳楼图》五幅，《黄鹤楼图》两幅，《滕王阁图》一幅，还有《丰乐楼图》页、《映水楼台图》页，等等。和夏永一样，专擅此道的元代画家流传有大量作品，这说明和前代相比，元代的界画楼阁得到了长足的发展，表现在这个时期涌现出众多的楼阁画家及佳作。其时代背景中既有元朝廷审美喜好的推动，同时也是宋代绘画写实机能的自然延展，这是前代无法比拟的。这些作品均采用虚实相对的对角线构图，突出主体建筑，略化周围环境，线描精整工细，舍弃设色，画面千繁万复，却不显阻滞拥塞，给人细腻素雅之感。真是方寸间微入毫芒，再现宏大建筑的整体和细部的精湛技艺，令人叹服。

除了夏永所绘的《滕王阁斗方》，流传至今的还有被项子京收藏过的一幅宋人《滕王阁》。1942年，古建筑大师梁思成先生正是参照该幅彩画绘制了8幅《重建南昌滕王阁计划草图》，将滕王阁重新设计成一座大型的仿宋式古建筑。新中国成立后，在进行滕王阁历史上第29次重建时，建筑师们以梁先生的草图为依据，建成了这座雄伟的楼阁。今天的滕王阁，建筑面积九千多平方米，采用钢筋混凝土仿木结构，净高57.5米，明

滕王阁斗方
元代 夏永
绢本 水墨
24.7cm×24.7cm
美国波士顿美术博物馆藏

三暗七，飞檐翘角，有如一只平展双翅，欲凌波西飞的巨大鲲鹏，确实显示出滕王阁当年“宏廓显敞，殊形诡状，革弊鼎新”的气势。

滕王阁位于江西南昌城外，为唐高祖之子滕王李元婴任洪州刺史时所建。唐代大中二年（848）重建的滕王阁为观景性的建筑，高台之下江波浩渺，渔舟往来，高低错落的楼阁亭台，殿内文士雅集，颇有园林趣味。主殿为重檐歇山二层楼阁，当心间外加建抱厦，腰檐平坐和卍字栏杆。主殿山面朝前绘有博风板及垂鱼、惹草。鸱尾、脊兽等构件皆简化，鸱尾极小，仅以简笔暗示，斗拱、昂绘法亦较为简化。

此图自台基地面立柱，柱上安平坐，

上面再立柱建殿屋，成组建筑中的楼阁建于略高于台基的平座上，实质上是在建筑物下加建了一个铺作结构做成的基座，比直接在地面立柱要坚强稳定。台基有明显收分，台基面砖饰有卍字文，地砖铺面亦较装饰讲究。此图与美国波士顿博物馆所藏元代夏永《滕王阁斗方》几乎相同，采用册页形式，取景重心偏置于画幅边角，以墨笔白描法表现著名楼阁。又有画家在画幅之上以蝇头小楷书写王勃的《滕王阁序》。元代文人以书法入画的创作形式及宫廷画家佛经插图"一图一文"的编排方式似乎也影响到界画这一画科。此图的斗拱、窗棂、栏杆等已经简化为固定形式和一些线条组织，几乎接近印刷的感觉。这可能是画家师徒相传，重视模仿稿本，渐不观察实物的结果。将此画与当时其他画作稍做比较，不难发现当时的建筑界画经常表现的著名古建筑如岳阳楼、黄鹤楼、滕王阁等，除位置向背稍有变化外，在画风上都十分相似，构图更是大同小异。这反映了界画的制作在当时形成了一定的模式化创作的真实情况，存在若干基本的绘画草稿，界画的主要内容和风格会被画家反复地转换使用。

滕王阁图
宋代　佚名
绢本　水墨
24.2cm× 24.2cm
台北故宫博物院藏

真赏斋图

与唐伯虎、祝枝山、徐祯卿并称“江南四大才子”的文徵明，是明代中期最著名的画家、书法家。他博学多才，一专多能，作画既能青绿，亦能水墨，能工笔，亦能写意，因而画史上将他与沈周、唐寅、仇英并列，合称“明四家”。

文徵明出身于官宦世家，早年曾数次参加科举考试，但均

真赏斋图
明代　文徵明
手卷　纸本　淡设色
28.6cm×79cm
中国国家博物馆藏

以不合时好而未被录取。54岁时，他终于被荐为翰林待诏，仅三年便辞官归乡，从此不求仕进，力避与权贵交往，余生专心致力于诗文书画。其实文徵明所生活的明正德至嘉靖时期，正是明朝廷政吏腐败，走下坡路之时，和文徵明一样，许多文人都厌倦了官场的钻营与龌龊，而采用逃避政策，辞官隐逸。

不过明代文人的“隐逸”生活既不同于魏晋名士的放达，也不同于元代汉族文人的枯寂，他们更多的是追求个性解放和生活的舒适与情趣，因此该时期营建园亭、组织文会、究音律、玩古董，乃至广蓄歌伎，蔚然成风，尤其是园林的营造，堪称达到了极盛，不但出现了有关园林建造的专著，还涌现出了许多以垒石布景闻名的建筑师和以摆花弄草闻名的园艺师。对于文人来说，园林不仅是一个生活场所，更是他们思考人生，招徕同好，雅集宴乐之地，是他们的精神家园。而该时期频繁的雅集文会也催生了大量优美的诗文和书画作品。文徵明作为艺坛领袖，当然是园林主人争相邀请的贵客，他将这些精美的园林和风雅的人物诉诸于画，成为我们研究当时文人的园林建筑最直观的宝贵资料。

明代以前，画家笔下的园林建筑还多存在于山水画中，这些园林大多都无特指，而且多取远景，以表现山水为主。虽然画家们也曾或粗放、或精微地描绘了建筑的整体面貌，但建筑仍是山水的陪衬，至于人物的活动及建筑中的陈设更是点景而已。如同刘松年的《四景山水图》，虽也细致精工地描绘了园林建筑，但从题名便可知，画作重点仍在于表现四季之景，而非建筑本身。

文徵明的这些作品则不同，他通常以所绘园林的名称或主人字号为图命名，并以园林建筑及其间发生的人文活动为主题。构图时尽量将园林景物尤其是建筑拉近，如同摄影里特写镜头的定格，我们不仅能从中看到园林中亭台楼榭的大致布局和面貌，而且能身临其境般地观察到近景建筑上的窗棂或竹帘，甚至屋内的一切陈设都触手可及。

《真赏斋图》中的实景真赏斋是文徵明友人华夏隐居无锡时在湖边修建的一座别墅。画面采用平列式的结构，右边假山及苍松、古桧、紫薇与左边的土坡树木相互呼应，置于一个平面层次，梧桐、修竹及草堂。又置于另一个平面层次。画面以疏密空白、前后层次墨色的对比，突出了中心景点——真赏斋。而草堂及堂内人物的活动与左边土坡前后相连，与大面积的假山达到左右平衡，营造出平静安逸的意境。

《真赏斋图》画得非常严谨认真，笔墨既苍劲，又秀润，假山一段尤见功力。而草堂的画法与草堂本身一样，既工细，又质朴。草堂内两位文人对坐而谈的情景，其动态和风度刻画得极为传神。屋内几案、陈设的古鼎尊彝也画得细致入微，从而反映出真赏斋主人华夏对收藏书画、古器物的酷爱。文徵明创作这幅《真赏斋图》时已是88岁的老人，如此高龄，画出如此工细之作，实属罕见。

梁园飞雪图

梁园飞雪图
清代 袁江
绢本 设色
202.8cm×118.5cm
故宫博物院藏

梁园，又称“兔园”，建于西汉初年汉文帝时期。当时深受文帝宠爱的皇子刘武被封到开封，为梁王。梁王喜好招揽文人谋士，西汉的大文学家司马相如，辞赋家枚乘等都经常跟他一起吟诗作赋，吹弹歌舞。为了满足这些文人墨客游玩的喜好，梁王在汴梁东南古吹台一带大兴土木，建造了规模宏大、富丽堂皇的梁园。

新建的梁园，殿廊亭楼参差错落，珍禽怪石、典雅的建筑、名贵的花木，组成了一幅优美的自然画卷。时人用“秀莫秀于梁园，奇莫奇于吹台”的俗语形容梁园之美。而到了冬天，白雪覆盖，万树着银，翠玉相映。当风雪停、云雾散，太阳初升时，梁园银装素裹，分外妖娆，景色更加迷人。故古人将梁园之雪景称作“梁园雪霁”，并列为古都“汴京八景”之一。

梁園飛雪
庚子徂暑邗上袁江畫

梁园飞雪图（局部）

界画家袁江在为梁园作画时就专门选择了雪景，描绘出《梁园飞雪图》。是图取梁园一角，宫殿、亭台、水榭、回廊在纷飞的大雪中别具风味。装饰华丽鲜艳的园林和素净雅致的白雪，形成了色彩上的强烈对比；建筑斗拱与门窗的复杂精巧和屋顶积雪的不着一笔，又造成了虚实的强烈对比。而在园内建筑结构上，袁江采用了“卷棚顶”。这种顶在我国北方的宅院中很常见，它不砌正脊，而在前后坡交接处抹砌成弧形，缓卷而过，线条十分柔和。《梁园飞雪图》中的卷棚顶建筑和园林中幽雅的环境结合得恰到好处。

雪中的梁园，苍松、老树、修竹仍然清翠，湖石玲珑剔透，达官显贵、佳人高士悠闲自得，游玩于其中。远山缥缈，雪色凝寒，着实是一幅很出色的楼阁界画作品。

避暑山庄图

避暑山庄图
清代 冷枚
图轴 绢本 设色
254.8cm×172.5cm
台北故宫博物院藏

久居宫廷的帝王们都乐此不疲地外出巡视，两千年来，历代皇帝为各自出行而在全国各地修建了许多行宫。清朝的康熙皇帝在北巡时发现承德地势良好，不仅气候宜人，风景优美，更重要的是，该处是清朝皇帝家乡的门户，可以俯视关内，外控蒙古各部，于是选定在这里修建行宫，这便有了闻名至今的承德避暑山庄。

避暑山庄于康熙四十二年（1703）开始大兴土木，以后又经过多次的重修与扩建，形成规模宏大的皇家园林。它既有南方园林的清幽雅致、细腻灵动，又有北方园林的粗犷豪放、壮丽恢弘。不过历经二百多年的自然与人为战乱的损坏，当年的殿楼轩阁，有的化为灰烬，有的成为残墙断壁，只保留下来极少一部分。

幸而康熙年间的宫廷画师冷枚曾创作了一

幅巨轴《避暑山庄图》，使我们有机会了解到康熙时期避暑山庄的风貌。

据考证，冷枚的《避暑山庄图》绘于康熙五十二年（1713），这时避暑山庄刚建成“万壑松风、芝径云堤、无暑清凉、镜水云岭、曲水荷香、四面云山、暖流渲波”等三十六景，冷枚以鸟瞰的形式俯视整座园林，把三十六景中的三十景都囊括其中，绘录了山庄内平原、湖区佳景的全部，因而此图可谓是避暑山庄的总图。

图轴景物从避暑山庄东部的“万壑松风”殿开始，一层一层向北推开。“万壑松风”殿是一组建筑群，从西向东是硬山卷棚灰瓦顶三楹门殿，其东是硬山卷棚灰瓦顶五楹殿，四周回廊相接，前围墙开一小门。再向东是一个大院落，也是这一建筑群的主体建筑。院内房屋仍是硬山卷棚顶，前后错落，均不在一条水平线上。其后庭院宽敞豁朗，在西北角建有五楹歇山卷棚灰瓦顶主殿，即“万壑松风”殿。殿旁植有三棵梧桐树，两只仙鹤展翅相戏，颇为幽静，康熙皇帝就在此批阅奏章。

由“万壑松风”殿向北，行折过桥，经“芝径云堤”进入山峦环抱的平湖区。湖区是全画的中心所在。湖里有三个洲屿，东为“月色江声”，西为环壁（即皇子读书的地方），中间是如意洲，也就是康熙皇帝的居住地。不过如意洲上的建筑也都是卷棚灰瓦的民居形式，三所院落栉比相连，布局紧凑，以三组建筑为主体，周围配置若干亭榭馆阁，朴实无华。

从如意洲再向北看，西岭诸峰建亭四座，供以远眺环山诸景。远景几座巍峨的山峰雄浑厚重，气象庄严，而尽头起伏的峰峦，轻涂淡染，若隐若现，大有江山万里、一望无尽之感。钤章成癖的乾隆皇帝只在此画上方盖了“乾隆御览之宝”一印，没有影响到此画远景疏淡、高空晴朗的整体效果。

《避暑山庄图》虽然将山庄中的美景一一记录于画，看似有点精画地图的感觉，但只要仔细观察，不难发现此图还包含着一层更深刻的含义，置于画面核心部分的是以“芝径云堤”连结起来的，象征三棵灵芝和蓬莱仙岛的环壁、如意洲和月色江声。画家在“万壑松风”殿外画了三棵参天苍松，殿前又画了两只拍翅相戏的白鹤，在万树园翠柏老桧之间点缀了几只跳跃奔跑的白鹿。这样把松柏鹤鹿联系起来，寓意是非常明显的，那就是冷枚希望用这些祥瑞之物来表达为康熙祈福的赤子之心。说得具体些，此图完成于康熙五十二年，也正是康熙六十大寿之年，《避暑山庄图》既是一幅风景画，同时又是一幅祝寿图。

这幅祝寿图也直接或间接地歌颂了康熙皇帝的功绩和品德。避暑山庄建于康熙晚年，这时的清王朝经济繁荣，社会秩序稳定，本来有条件把山庄修建得富丽堂皇，但从图中看，事实并非如此。画中屋宇既无雕梁画栋的豪华，又无帝王宫苑的威严，一处处朴素而雅致，无论建筑本身，还是布局结构，都具有浓厚的民间气息，从中能让人感受到康熙皇帝的简朴作

避暑山庄图（局部）

风。当然，这种建造安排也是一种园林设计思想的体现。殿宇和围墙采用青砖灰瓦、原木本色，淡雅装饰，正好与京城的故宫黄瓦红墙，描金彩绘，富丽堂皇呈明显对照，达到了宫殿与天然景观和谐相融，回归自然的境界。

1750年至1753年的三年间，康熙之孙、酷爱艺术的乾隆皇帝对避暑山庄进行了扩建，先在后苑拓造银、镜二湖，添构水心榭，而后又逐步增楼阁、建园林，大大改变了康熙时山庄的面貌。正因如此，冷枚的这幅《避暑山庄图》有着不可抹杀的历史价值，是研究避暑山庄历史变迁极为难得的形象档案资料。

十二月月令图

十二月月令图（之一）
清代
绢本 设色
175cm × 97cm
台北故宫博物院藏

清院本《十二月月令图》，未署作者姓名，写十二月中民家生活情景，亦不全依原来的典故。

画家以圆明园实景为蓝本，采单点透视画法，描绘各月的生活形态。画中有水域的表现，符合圆明圆依山傍水的地理景观。正月以卷棚顶游廊贯穿全局，围墙院落沿此主脉布置，端点为眺望用的楼阁。清代皇家建筑屋顶厚重，以表现皇家的气派与体制，木构造意味降低，砖瓦味升高。硬山取代悬山，墙面取代博风板，这些月令图以界画人物为主，画中亭台楼阁远近合于透视，使用俯瞰法，房舍屋顶采用卷棚式，不设飞檐脊兽，应属于园囿建筑。

清朝院本《十二月月令图》，画上并未签署作者的姓名，但从笔墨的习惯来判断，可

十二月月令图（之二）
清代
绢本　设色
175cm×97cm
台北故宫博物院藏

能还是唐岱、丁观鹏等几位画家合作的。画的主题是描绘一年十二个月中民间生活情形。可能是按各地乡风融会入画，所以有许多不容易找出原来的故事。

农历正月，画元宵夜景，屋中盛张灯彩，室外或放烟火，或薄醉赏月。后园架上悬彩灯，群儿戏于其下，上幅作提灯远景。

农历二月，画园中杏花盛开。长幼各有所事。闺中女伴，作秋千之戏。山野间，画男子连镳出游，或携猎具，或扬鞭指点，流连景物。

农历三月，画上巳修禊。诸文士坐于曲水之滨，童子以羽觞斟酒，顺流而泛，欲饮者就水中取之。野外更画诸童放纸鸢。农人在田畴间，或车水，捕鱼，或叱犊而耕。

农历四月，画牡丹、玉兰盛放。蒙蒙细雨，沾衣欲湿。园中往来，皆戴伞笠。野外画采桑娘结伴而行，以袖幛雨，匆匆急走。

农历五月，画端阳龙舟竞渡。喧颠旗鼓，万棹齐挥。两岸民家，凭轩槛以观赏。园中葵，榴花发，菖蒲点岸。

农历六月，画荷塘清暑，绿柳浓阴。仕女以时行乐，或消暑于层楼，或采莲于水上，或凭栏垂钓，或棹舫清游。觉水上风来，若有暗香扑面。

十二月月令图（之三）
清代
绢本 设色
175cm × 97cm
台北故宫博物院藏

农历七月，画闺中妇女，设案对月乞巧，喁喁若有所祝。诸男子则群集轩中，吹弹作乐。山间夜气森森，鹊栖树杪，岂鹊桥早散，息羽林中。

农历八月，画中秋赏月，桂林弥望，处处飘香。妇女携童孺，小步墙阴檐角，玩月园中。忽高台特起，绮筵盛张。阁中女乐微闻，妙音竞起，觉人间雅奏，不减霓裳羽衣也。

农历十月，画敞轩中鉴古器名画，卷轴鼎彝，琳琅在目。另一室中，一老画师为人写照。妇女则鸣弹纴织，对弈于内庭。

农历十一月，严寒渐厉，唯苍柏挺翠。水树中，一少年鞭责童蒙，诸人或劝或护。隔庭有静室，老者耽于禅悦，在榻上合十答谒者礼。后园妇孺作蹴鞠迷藏之戏。对岸霜林中，诸人彩衣，槛禽兽结队而行，若卖解马戏之属。

月令指《礼记》中帝幸宫廷仪礼因月有不同记录，后引申为节令与农事的活动。月令图是传统风俗画的一种，但此处并不描写民间老百姓的生活，而是贵族的生活形态。

《十二月月令图》中大部分建筑物都受边缘的裁切，宋元界画中所描写屋顶檐宇蕾飞之美，以及博风板、垂鱼、斗拱、屋脊饰物，清代已变成较单调厚重的卷棚屋顶（外形与硬山、悬山相似，是没有正脊的两面坡屋顶）。山花部分呈柔顺圆形曲线，歇山卷棚顶多用于皇家园苑。清代官式建筑屋顶厚重，需

十二月月令图（之四）
清代
绢本 设色
175cm×97cm
台北故宫博物院藏

表现皇家的气派与体制，又须依规矩，失去创造趣味。木构造意味降低，砖瓦味升高。两图中庭院廊墙木装修栏杆有套方式、尺栏式，窗有步步锦置于半截墙上，点缀建筑环境分外华丽。

画家笔下的建筑经由设计者的塑造产生了不同效果。十二月图以前庭大院为中心，描写敞开的堆雪狮及室内活动，图中插入西式建筑及阳台的设计，通过贝叶式的月洞门即是养鹿园。画上方后宅为两层楼房，远处河水封冻，冰上有溜冰者与雪橇。正月图以上元张灯为主题，描写元宵节欢乐的情景。圆弧形卷棚游廊为贯穿全局的主脉，提供各独立空间的联系，把各个主题串连为一系列的观赏经验。围墙院落沿此主脉布置，端点为眺望用的楼阁。画中前中景院内外梅花绽放，前厅挂起彩灯，众人聚集品评灯艺，内宅有女眷准备登楼观赏放烟火及高架盒子灯，另有童仆于苑中游戏，地上铺毯作各种表演。

《十二月月令图》中所绘西洋式建筑与院藏作于乾隆元年（1736）的《清院本清明上河图》一栋建筑形式极为相似，该图由陈枚、孙祜、金昆、戴洪等宫廷画家合作完成。这套十二月令画作虽未签署作者的姓名，但从色彩与用笔习惯来判断，可能是雍正、乾隆年间宫廷画家合作完成的。当时宫廷园苑设计受到江南园林之美的影响，完全开放与自然融为一体，透过它可以看到中国造园空间艺术的特色。

十二月月令图（之五）
清代
绢本　设色
175cm × 97cm
台北故宫博物院藏

十二月月令图（之六）
清代
绢本　设色
175cm × 97cm
台北故宫博物院藏

十二月月令图（之七）
清代
绢本 设色
175cm×97cm
台北故宫博物院藏

十二月月令图（之八）
清代
绢本 设色
175cm×97cm
台北故宫博物院藏

十二月月令图（之九）
清代
绢本 设色
175cm×97cm
台北故宫博物院藏

十二月月令图（之十）
清代
绢本　设色
175cm×97cm
台北故宫博物院藏

十二月月令图（之十一）
清代
绢本　设色
175cm×97cm
台北故宫博物院藏

十二月月令图（之十二）

清代

绢本　设色

175cm×97cm

台北故宫博物院藏

月曼清游图

《月曼清游图》册共12幅，描绘宫廷仕女寻梅、赏花、吟诗、玩月的深闺享乐生活。落款“臣陈枚恭画”，钤“臣枚”印一方。每幅均配有清代梁诗正的行草体墨题，款“乾隆岁在戊午秋九月朔，臣梁诗正敬题”。钤清高宗弘历“乾隆御览之宝”、“古希天子”、“乐善堂图书记”等印共60方。画作笔法精工，仕女秀雅，面部刻画皆参用西方晕染，设色妍丽，是陈枚人物画的代表作。

《月曼清游图》册描绘的是宫廷嫔妃们一年十二个月的深宫生活：正月“寒夜赏梅”、二月“杨柳荡千”、三月“闲亭对弈”、四月“庭院观花”、五月“水阁梳妆”、六月“碧池采莲”、七月“桐荫乞巧”、八月“琼台玩月”、九月“重阳赏菊”、十月“文窗刺绣”、十一月“围炉博古”、十二月“踏雪寻诗”。此选四幅，分别为一月的《寒夜赏梅》、六月的《碧池采莲》、七月的《桐荫乞巧》和十月的《文窗刺绣》。画中人物比例匀称，动态自然，衣纹线条流畅。不同的场所，布景皆不一样，山石多以方带折笔写出，略显平面化趋势，界画技法精良。

陈枚，生卒年不详。字载东，号殿抡，晚号枝窝头陀，娄

月曼清游图（之一）
清代 陈枚
绢本 设色
37cm×31.8cm
故宫博物院藏

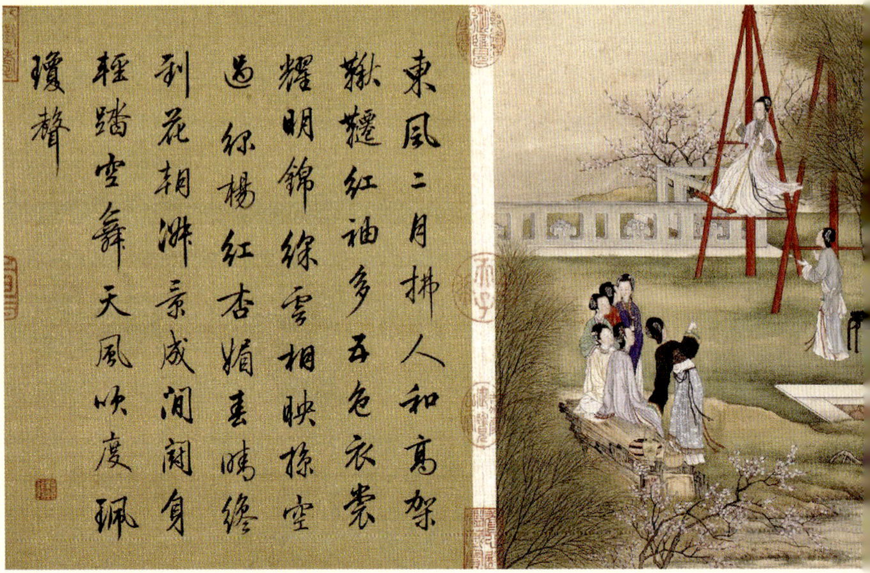

月曼清游图（之二）
清代　陈枚
绢本　设色
37cm×31.8cm
故宫博物院藏

县（今上海松江）人。康熙、雍正时曾供奉内廷，官至内务府员外郎。工山水、人物，画法追宗宋元，具有传统功力，并参用西法，所作山水、人物形色俱备，用笔精妙。传世作品有《清明上河图》、《鸦飞马健图》、《月曼清游图》等。

在《寒夜赏梅》图中，四位佳人挤在回廊一角廊檐之下，或立或坐，观赏院中梅花。其中一人将左手攒缩于袍袖中秉烛观看，四人皆显悠闲之意。廊檐之下有三盏红灯笼，特为夫人们照明使用。另有五位穿戴讲究的夫人边说边笑穿过远门，由

月曼清游图（之三）
清代　陈枚
绢本　设色
37cm×31.8cm
故宫博物院藏

一位侍女提灯引路，向庭前走去。高大的建筑暗示了我们这是一幅描写宫闱之内生活情境的作品。

六月，荷香阵阵，柔风掠湖，宫中佳人泛舟采荷归来，在船头的青花瓷大瓶中已经插满刚采摘的荷花，船头侍女正撑杆使船靠桥头，船上侍女一人打伞，一人轻摇纱扇，似与扶青花瓶的侍女闲聊。桥头上佳人正摇扇翘首。池中大片荷叶慵懒地摇摆，水波微微，柳枝轻扬。池边矮堤和木构桥头与侍女们的游乐有机地成为一体，院内景观和游戏为平淡的宫廷生活平添

了几分乐趣。

《桐荫乞巧》描绘的是七月初七仕女“乞巧”的场面。七夕之夜，宫中佳人们在庭院中，以碗装水置于高架之上，一佳人正将一束针散放其中，周围三人注目观看针在水中呈列的图案——宋元以来，视水中针影占拙巧，细长则巧，散则拙。图画右侧正有四人赶来凑趣，一侍女回身搀扶贵妇人过石桥，其后有一侍女为其挑伞盖。梧桐树叶密而肥厚，池中水波粼粼，正谙秋意。

《文窗刺绣》一图描绘的是初冬时分，一贵妇正端坐厅檐下，精心绣制一幅兰花图，身后有几位佳人围观欣赏；庭前另有一妇人正向面前二人展示一幅绷在花绷之上的牡丹图。院中矮墙上的藤蔓已经枯黄，厅后瓜架上的藤蔓也已稀疏可见架杆，庭前小树叶子尽染红色，暗示秋意已深。

月曼清游图（之四）
清代　陈枚
绢本　设色
37cm×31.8cm
故宫博物院藏

陈枚通过对生活片段的提取和再现，表现了宫廷生活中的民俗活动。她们三五成群地游戏于以界画表现的亭台楼阁内或是细笔勾染皴点的花石下。画家以建筑的一墙一角入画，勾勒出嫔妃侍女们生活的边边角角；在高墙之内殿宇之下的她们的生活，也许最真实的表现即是这建筑的边角和花亭之间。

由题跋可知，此图册作于乾隆三年并深得乾隆皇帝的赞赏。乾隆帝于六年谕令造办处优秀匠人，如擅长镶嵌技艺的常存和擅长牙雕工艺的陈祖章、陈观泉父子及顾彭年、萧汉振等，以陈枚的这本图册为画稿，用象牙、玉石等进行雕刻。匠人们精雕细琢，密切结合牙雕和镶嵌的技艺特点，令画面层次分明，富有立体感。这件雕有103人的牙雕精品被称作“百美图”。乾隆皇帝在为它题写诗文时将其正式定名为《月曼清游图》。

太簇始和图

太簇始和图
清代　丁观鹏
纸本　设色
179.3cm×108.4cm
台北故宫博物院藏

丁观鹏（约活动于1708年至1771年或稍后），顺天（今北京）人。雍正年间地位不高，在宫中向郎世宁、王致诚学习。乾隆朝擢升为一等画画人，常与其他御用画家合画皇帝指定的节令题材。他擅长运用西画的明暗设色与焦点透视法在画面制造立体感。

此图属于描写岁时的十二月“禁御图”之一，所画为正月初七各处悬灯结彩，以紫禁城外西路建福宫（西花园）为画中主体，描写城内外的新春景象。所谓的《十二禁御景》图轴，根据活计清文件文献记录，是乾隆帝在乾隆十三年（1748）七月初九，交下御制十二个月诗十二首，命丁观鹏、余省、沈源、周鲲等四位画家，依据诗意作画。这十二件作品又以十二律命题。十二律本为音律单位，因一年十二个月各有配对的音律，因此十二律也被用

太簇始和图（局部）

在十二个月份的区分上。“太簇”即对应元月。此画即为元月之时，建福宫的赏灯景象。花园主殿延春阁为攒尖式屋顶建筑（用于面积不大亭阁塔楼），作为园林配景十分谐调。两层建筑立于汉白玉须弥座台基上，四角攒尖顶，四条斜脊交合于顶，上覆以黄琉璃宝顶，用重檐法增加其富丽堂皇之感。亭之四面皆五楹，假山环绕前院。宫内楼阁亭轩屋顶样式有单檐歇山顶、硬山顶、勾连搭卷棚顶、圆攒尖顶、四角攒尖顶等，屋面皆满覆黄、紫、蓝、绿各色琉璃瓦，若依等级来分，黄为上，紫蓝次之，绿又次之，既有区别等级的作用，又具艺术装饰效果。门窗采用官式格扇步步锦式样，梁柱上绘有清代官式“旋子彩画”，额枋彩画枋心、藻头、盒子以蓝绿色为主，斗拱及垫拱板上（宋称“拱眼壁”）亦用绿色、红色相间，色彩鲜明，精细具体。

此图为写实的楼阁界画，阁前有积翠亭，阁后有敬胜斋，东为吉云楼。左下角可见惠风亭、存性门与静宜轩，四周围以墙垣，以廊庑相接。画的中下方有凸形垛口的紫禁城城墙，城外即是景山，左面大街为景山西街，街左为大高玄殿，大高玄殿门外清代官式三间四柱七楼式牌楼是北平市街最精巧的。图中所绘建福宫花园中楼阁多在大火中焚毁，现仅存惠风亭。此图幸能保存当时建筑的风貌，为融合中西技艺之清代院画代表作。

圆明园四十景图

万方安和

上下天光

北京西郊的颐和园原是清朝的皇家花园和行宫，如今也是我国现存最宏丽、完好的大型皇家宫苑。它占地290万平方米，依山傍水，规模宏大，与河北承德的避暑山庄，苏州的拙政园和留园并称为“中国四大名园”。

颐和园历史上其实早已是个名胜之地。金代时便是皇帝的行宫。到了明代，建有皇家园林，叫“好山园”，其中的山叫“瓮山”，湖叫“西湖”（北京之西的意思）。到乾隆十五年（1750），弘历要为其母庆祝六十大寿，便在瓮山上建造了高达

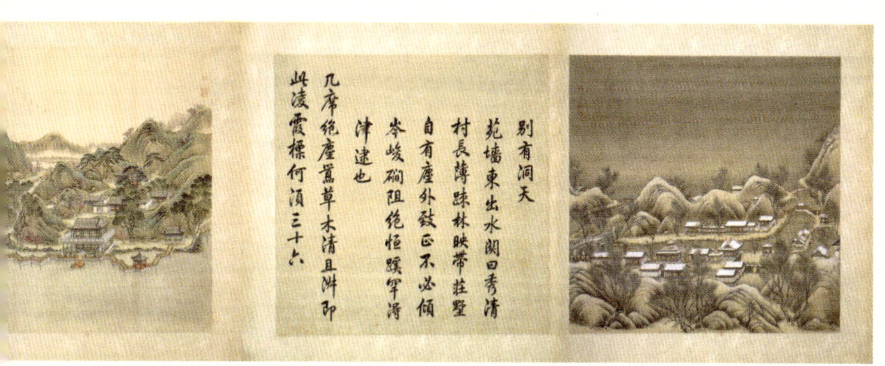

别有洞天

九层的大报恩延寿寺，并将瓮山改名为“万寿山”，又扩大西湖，改名“昆明湖”，整座园林之名则改为“清漪园”。

可惜清漪园于1860年被英法联军所毁。到了光绪十四年（1888），慈禧太后挪用海军经费3000万两白银，重建清漪园，作为避暑娱乐场所（所以西方人将其翻译为“夏宫”）。重建之后的园林被慈禧太后改名为“颐和园”。“颐和园”的“颐”之意为保养，如“颐神养性”，因此“颐和”自有颐养天和，宁静祥和之意。这也表明当年西太后建此园，是想在此地颐养天年，

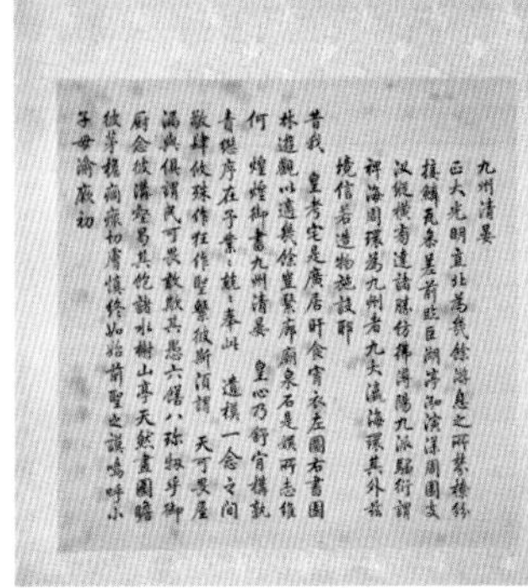

九州清晏

四宜书屋

以便能健康长寿。

颐和园依万寿山傍昆明湖而建，园内山清水秀，廊回阁耸，金碧辉煌。主要景物如佛香阁、德和院大戏楼、排云殿等，均是清末木构建筑的代表作。一条蜿蜒曲折的廊道循万寿山南麓沿昆明湖岸构筑而成，全长728米，不但让园中人免受酷热阳光和风雨天气的侵袭，而且这也是我国园林中最长的一条廊道。整个颐和园的布局，堪称集我国造园艺术之大成，巧借湖光山色自然之景，达到“虽由人作，宛自天成”的境界。

清人有一幅《颐和园风景图》传世。此图描绘了颐和园全景，以昆明湖为画面主体，将远处万寿山上的佛香阁，近中景湖区的十七孔桥、玉带桥都作了详细的刻画。而湖面上行驶的“小火轮”汽船，也告诉了我们此画的创作时代应为清末。画中的建筑布局以及建筑形态与现在颐和园中的诸景完全一致。

此图用笔设色工细写实，但与中国传统的楼阁界画又有区

勤政親賢
正大光明之東為勤政殿
日於此披省章奏召對臣
工亭午始退座後屏風書
無逸以自勗又東為保合
太和秀石名葩庭軒明敞
觀閣相交林徑四達
庭訓昭雲日欽承切式刑勅幾
宵豈暇籲俊刻靡寧一念微豪
聖羣言辨渭涇乾乾終始志無
逸近書屏

勤政亲贤

别。明末清初时，“西学东渐”之风兴起。当时开始有一些欧洲画家在清代宫廷供奉，最著名的如郎世宁等人。这些洋画家一方面接受中国传统的绘画方式，采用中国笔墨颜料和纸绢作画；另一方面又坚持西洋绘画技法中的透视原则，在作品中着意表现物体的体积、质感、明暗、投影乃至倒影。这种西洋的绘画技法对当时清宫廷的一些中国画家产生了影响。从冷枚的《避暑山庄图》、徐扬的《京师生春意图轴》中都能看到这种采用焦点透视，扩大建筑物在画面中的空间感和纵深感的画法。观这幅《颐和园风景图》也能感到画家使用西画技法的痕迹，尤其是远山的画法，还有些版画效果。这种技法的革新，也使得中国建筑画的纪实性有了提高。

乾隆元年（1736）正月，弘历皇帝传旨当时最知名的宫廷画师唐岱、沈源、冷枚，按照康熙时期绘制的《避暑山庄三十六景图》，为圆明园各殿宇处所起稿分景画样。起初画师

坐石临流

北远山村

天然图画

们仅画了三十三景。至乾隆六年（1741），又增加了“方壶盛境”、“蓬岛瑶台”和“慈云普护”三图。乾隆九年（1744）九月，再次增加了“鸿慈永祜”、“汇芳书院”、“洞天深处”和“月地云居”四图，最终形成了《圆明园四十景图》。

这套“四十景图”为绢本彩绘，图中不仅以写实的手法描绘了圆明园鼎盛时期的园林和建筑的风貌，还蕴含了许多的历史掌故。

“正大光明”于雍正三年（1725）建成，位置在圆明园大宫门内，是御园正衙，其功能类似故宫的太和殿、保和殿。大殿横额悬有雍正皇帝御书的“正大光明”匾，清代皇帝在这里举行大典、寿诞朝贺，会见并筵宴贵胄权臣、各族首领和外国使节。然而，具有讽刺意味的是，1860年10月，英法联军入侵北京后，皇帝理政的“正大光明”殿却成为侵略者烧、杀、抢、夺的临时指挥部。

“九州清晏”一景建于康熙朝后期，是圆明园中规模最大的建筑群之一。中路前殿悬康熙皇帝于1709年为之书写的“圆明”二字匾额。在正大光明殿建成之前，这座圆明园殿就是圆明园的正殿。雍正初年，这里改建为皇帝后妃的寝宫区。中殿“奉三无私”是皇帝举行家宴之所；后殿悬挂雍正御书“九洲清晏”匾，为皇帝寝宫；东路是后妃的寝院“天地一家春”。据史载，

夹镜鸣琴

多稼如云

山高水长

慈禧被咸丰皇帝宠幸，封为“懿贵妃”，便在“天地一家春”中。嘉庆、咸丰二帝出生于此。也许正因为“天地一家春”是父皇出生地，又是慈禧母后的发迹处所，同治皇帝登基后，打算重建圆明园时，便决定先行复建“天地一家春”。据说连建筑模型都已制作完毕，但由于当时清政府财力有限，同治皇帝的愿望始终未能实现。

全套《圆明园四十景图》是唐岱、沈源等几位宫廷画师花费了11年时间才绘制完成的，极其不易。画成之后，乾隆皇帝还亲自作“四十景题诗”，并由工部尚书汪由敦题写于画上。“四十景图”绘工精美，直观效果极佳。所绘建筑、泉石等景观均为写实风格，具有历史资料与艺术品的双重价值。而“四十景诗”则道出了圆明园四十景的历史、政治和文化内涵，意境深远。正所谓诗中有画，画中有诗，诗画结合，相得益彰。

廓然大公

日天琳宇

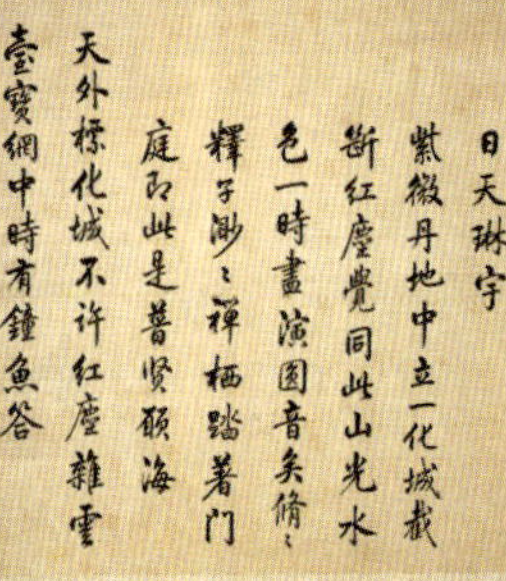

映水兰香

接秀山房

接秀山房

平岡縈迴碧沚，倚著廬館，間間境獨寬曠，隔岸數峰逞秀，朝嵐霏青，返照添紫，氣象萬千，真目不給賞，情不周玩也。

烟霞供潤浥，朝暮看還興。戶擁西山秀，窗臨北渚澄。琴書吾所好，松竹古之朋。彷彿雲林裏，攜筇共我登。

方壶胜境

正大光明

正大光明

園南出入賢良門內為正衙，不雕不繪，得松軒茅殿意。屋後峭石壁立，玉筍嶙峋，前庭虛敞，四望牆外林木陰湛，花時霏紅疊紫，層映無際。

勝地同靈囿，遵規繼暢春。當年成不日，奕代永居辰。義府庭羅辟，恩波水濺銀。草青思示儉，山靜體依仁。只可方衢室，何須道玉津。經營懲峻宇，出入引賢臣（出入賢良門扁 敬 皇考 御筆也）。洞達心常豁，清涼境絕塵。常移雲館蹕，未費地官緡。生意榮芳樹，天機躍錦鱗。肯堂彌厪念，俯仰惕心頻。

长春仙馆

長春仙館
循壽山口西入屋宇深邃重
廊曲檻逶迤相接庭徑有梧
有石堪供小憩予舊時
賜居也今略加修飾遇佳辰令節
迎奉
皇太后爲燕寢之所蓋以長春志
祝云
常時問　寢地曩歲讀書堂秘
閣冬宜燠虛亭夏亦涼歡心依
日永樂志頌春長階下松齡祝
千秋奉　壽康

曲院风荷

曲院風荷
西湖曲院爲宋時酒務
地荷花最多是有曲院
風荷之名茲處紅衣印
波長虹搖影風景相似
故以其名名之
香遠風清誰解圖亭亭花底
睡雙鳧停橈隄畔饒真賞那
數餘杭西子湖

杏花春馆

杏花春館
由山亭逶迤而入矮屋疏籬
東西參錯環植文杏春深花
發爛然如霞前闢小圃雜蒔
蔬蓏識野田村落氣象
霏香紅雪韻空庭肯讓寒梅占
勝名最愛花光傳藝苑每乘月
令驗農經爲梁謾說仙人館載
酒偏宜小隱亭夜半一犁春雨
足朝來吟屐樹邊停

月地云居

月地雲居 調寄清平樂
琳宮一區背山臨流松色翠
密與紅牆相映結構嚴整大
悲壇其中魚鯨齊鳴風幡交
動繞遍補特迦山又入室羅
筏城永明壽所謂宴坐水月
道場大作夢中佛事也
大千乾闥指上無真月覺海漚中
頭出沒是即那羅延窟何分山上
東天倩他裝點名園借使瞿曇重
現未宜參伊苑禪

汇芳书院

匯芳書院
階除間敞草卉叢秀東偏
學月牙形搆小齋數椽旁
列虛亭奇石負土爭出穴
洞谽谺翠蔓蒙絡可攀捫
而上問津石室何必靈鷲
峯前
書院新開號匯芳不因葉錯典
華裳菁莪棫樸育賢意佐我
休明被萬方

洞天深处

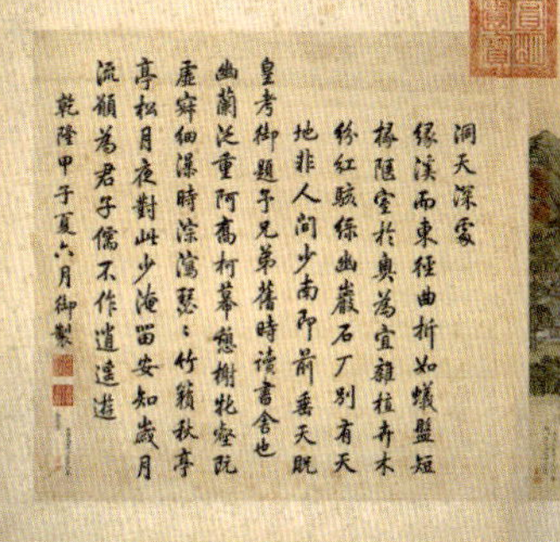

武陵春色

武陵春色
循溪流而北複谷環抱
山桃萬株參錯林麓間
落英繽紛浮出水面或
朝曦夕陽光炫綺樹酣
雲烘霞莫可名狀
複岫迴環一水通春深片片
貼波紅鈔鑼溪不離塵境只
在輕烟淡靄中

涵虚朗鉴

涵虛朗鑑
結宇福海之東左右雲陂行
委千章層青面前巨浸空
澄一泓淨碧日月出入雲霞
卷舒遠山煙嵐近水樓閣來
不迎而去不距莫不該其度
內如如焉亦無如如者吾得
之於濠上也
涵虛斯朗鑑朗鑑在虛涵即此
契元理悠然對碧潭雲山同妙
靜魚鳥適清酣天水相忘處空
明共我三

澹泊宁静

澹泊寧靜
仿田字為房密室周遮塵
氛不到其外槐陰花蔓延
青綴紫風水淪漣蕖葭蒼
瑟澹泊相遭淡矣視之既
靜其聽始遠
青山本來寧靜體綠水如斯
澹泊容境有會心皆可樂武侯
妙語時相逢千秋之下對綸羽
溪煙嵐霧方重重

水木明瑟

水木明瑟 詞寄秋風清

用泰西水法引入室中以轉風扇泠泠瑟瑟非絲非竹天籟遙聞林光逾生淨綠酈道元云竹柏之懷與神心妙達智仁之性共山水效深茲境有焉

林瑟瑟水泠泠溪風羣籟動山鳥一聲鳴斯時斯景誰圖得非色非空吟不成

濂溪乐处

濂溪樂處

苑中菡萏甚多此處特盛小殿數楹流水周環於其下每月涼暑夕風爽秋初淨綠紛紅動香不已想西湖十里野水蒼茫無此端嚴清麗也左右前後皆君子洵可永日

水軒俯瀲灩天光涵數頃爛熳六月春搖曳玻瓈影香風湖面來炎夏方秋冷時披濂溪書樂處惟自省君子斯我師何須求玉井

澡身浴德

澡身浴德

福海西墀平湖鏡淨然蓄膏停竹嶼蓋汀極望淼淼浴鳧飛鷺游泳鞠集王司州云非惟使人情開滌亦覺日月清朗

蓊香含石髓秋水長天色不竭亦不盈是惟君子德我來俯空明鏡已然相識魚躍与鳶飛如如安樂國

西峰秀色

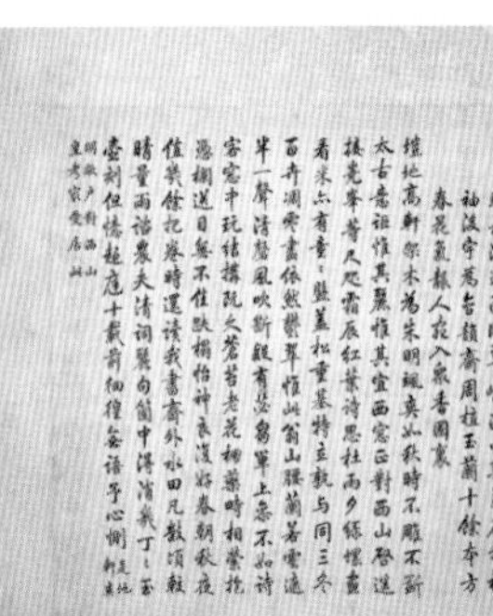

碧桐书院

蓬岛瑶台

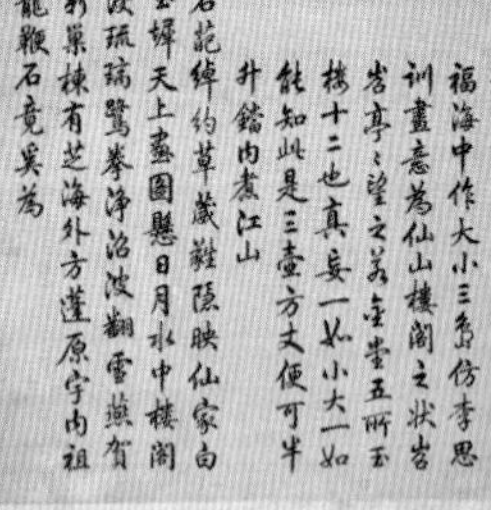

茹古涵今

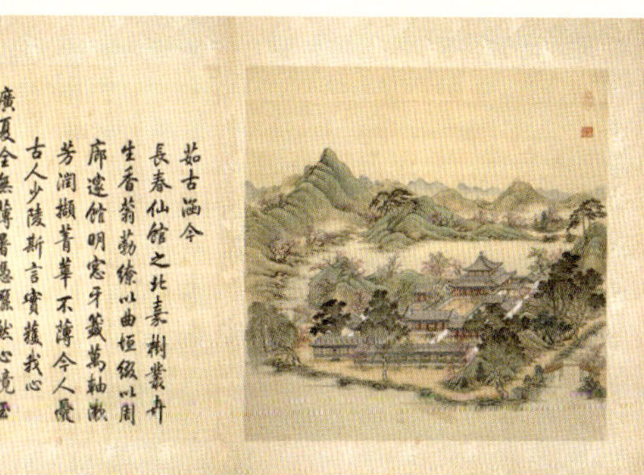

鸿慈永祜

鴻慈永祜
苑西北地最爽塏爰建殿寢敬奉
皇祖
皇考神御以申罔極之懷堂廡崇閎中唐
有侐翔望展禮優愾見聞周垣喬松
偃蓋鬱翠干霄望之起敬起愛
原廟衣冠古昔沿天興神御至今傳有
孚秩秩斯爲美對越昭昭儼在天春露
秋霜興感切瞻雲就日致孚乾式思曩昔
含飴澤敢缺因時獻果虔寶寶閟宮
龍接宇深深元寢鳳翔蕤葆墻如見依
靈圃朔望來齋比奉先釦器黃金仍兩
序泠簫白玉備宮懸萬年佑啓垂謨
烈繼序兢兢矢勉旃

鱼跃鸢飞

魚躍鳶飛
榱桷翼翼户牖四達曲
水周遭儼如紫帶兩
岸村舍鱗次晨烟暮靄
蓊鬱平林眼前物色
活潑潑地
心无塵常惺境愜賞為美川
泳与雲飛物物含至理

慈云普护

慈雲普護（調寄菩薩蠻）

一徑界重湖間藤花垂架亂姑當風有樓三層刻漏鐘表在焉殿供觀音大士其傍為道士廬宛然天台石橋幽致渡橋即為上下天光

偎紅倚綠簾櫳好鶯聲瀏栗南塘曉高閣漏丁丁春風多少情幽人醒午夢樹底濃陰重蒲上便和南擬擬聲色參

平湖秋月（調寄浣溪紗）

倚山面湖竹樹蒙密左右支板橋以通步屧湖可數十頃當秋深月皎瀲灩波光接天無際蘇公隄畔差足方茲勝槩

不辨天光與水光結璘池館慶霄涼蓼煙荷露正蒼茫 白傅蘇公風雅客一杯相勸舞霓裳此時誰不道錢塘

平湖秋月

镂月开云

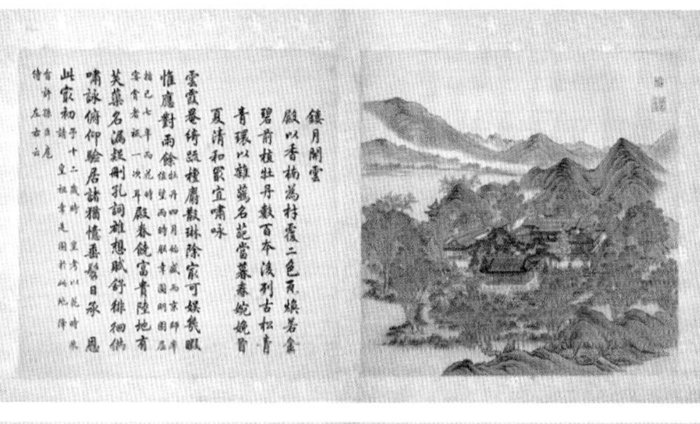

坦坦荡荡

坦坦蕩蕩
鑿池爲魚樂國池周舍下
錦鱗數千頭喁喁撥剌於
荇風藻雨間回環泳游悠
然自得詩云衆維魚矣我
知魚樂我蓄目乎斯民
鑿池觀魚樂坦坦復蕩蕩泳游
同一適奚必江湖想却笑蒙莊
癡爾我辨是非有問如何答魚
樂魚自知

姑苏繁华图

清代乾隆年间，苏州不但是全国经济最为发达的城市，也是全国文化极为重要的中心。康熙时人沈寓就曾说："东南财赋，姑苏最重；东南水利，姑苏最要；东南人士，姑苏最盛。"乾隆二十四年（1759），著名院画家徐扬创作了一幅历史长卷《姑苏繁华图》，又名《盛世滋生图》，绘有各种人物四千六百余人，各式房屋建筑两千一百余栋，各种桥梁四十余座，各种货船、客船、竹木筏子三百余只，各种商号招牌三百余块，写尽

姑苏繁华图（之一）
清代 徐扬
绢本 设色
35.8cm×1225cm
辽宁省博物馆藏

了乾隆盛世时姑苏古城内外的繁华景象。

《姑苏繁华图》的结构如徐扬在自跋中所述，“其图自灵岩山起，由木渎镇东行”，然后“过横山，渡石湖，历上方山，从太湖北岸介狮和两山间入姑苏郡城，自葑、盘、胥三门出阊门外，转山塘桥，”最后“至虎丘山止。”

从灵岩山一路下来，全长1255厘米的画卷展示了其时苏州的喧闹市肆，同时也向我们展示了清朝初年姑苏一带的民间

姑苏繁华图（之二）
清代 徐扬
绢本 设色
35.8cm×1225cm
辽宁省博物馆藏

建筑风貌。这幅图可谓是清代民居建筑的集大成者，各类建筑样式，从最普通的硬山顶民居，到讲究的悬山顶、歇山顶、卷棚顶的民宅、店铺、庙堂，还有或圆形攒尖，或飞檐翘角的亭阁，在该图中都能找到。其中硬山顶民居是最常见的。所谓"硬山顶"，即两侧硬墙上部呈尖状向上，形同山势，并与屋顶齐平。另外还能看到一种叫"封火山墙"的建筑形式，它是房屋建筑两侧的山墙作齿形夹接屋顶，而且高于屋顶，这样可以保护屋顶不受大风破坏，一旦邻居家失火，也可封火而免遭殃及。这也是中国南方民居特有的一种建筑山墙。

画卷之末行至虎丘山下。虎丘是苏州山林胜景的精华所在。所谓"虎丘于诸山中最小，而名胜特著"。虎丘一名"海涌山"，又称"虎阜"。相传吴王阖闾葬于山下，三日后有白虎踞其上，故名"虎丘"。虎丘虽仅为一小丘，但丘壑雄奇，林泉清幽，胜景万状，被誉为吴中第一胜景。康熙、乾隆祖孙各六次南巡，每次均游览虎丘，赋诗题咏。历代文人雅士吟诵之作更不知凡几。

由图上观之，虎丘寺之殿宇建筑已尽在画中。自下而上

有止山门、二山门、五十三参大殿、三山门、大雄宝殿、千佛阁、伽蓝殿，最高处即云岩寺塔，山腰有石梁飞架两崖，俗称“双吊桶”，其下即著名之剑池。剑池是虎丘风景最胜处，“虎丘剑池”已成为苏州古老美丽的象征。只是该图中，虎丘一处取远景，虽呈现出虎丘山下的一片自然风光，但具体的文物、建筑只能观其大致形象。明人钱穀所作的《虎丘前山图》是对虎丘之景的特写，尤其是剑池上方石梁上的“双吊桶”都清晰可见，因此可以将这两幅图对照来欣赏。

徐扬绘制《姑苏繁华图》的时代正值苏州经济文化繁荣昌盛的鼎盛时期。图中不独展示了其时苏州的城市建设规模，其间还穿插了反映苏州人读书的书塾，以及苏州府举行府试的应考场景，营造出苏州浓厚的文化气息。另有戏曲丝竹、婚礼习俗等丰富内容都详尽地展示出来，其中很多场景，或为文献所难以展现，或可补文献之缺失，因此《姑苏繁华图》堪称是记录苏州文化的极为难得的有形宝贵遗产。

阿阁图

建在广阔高台上的宫室建筑群，殿台呈凸字形，台身下大上小，有明显收分。台基周围平座外缘设有钩栏，居高临下处可供凭栏远眺，下部施雁翅板，主殿屋顶为一半嵌入另一个歇山的"三重檐歇山顶"，较为少见。宋代建筑柱头铺作一般只用一或两朵，此图前方临水殿补间铺作有一至三朵，排列均匀，形制较近元代。屋顶用石青、石绿填色（表示各色琉璃瓦顶），屋瓦皆省略不绘。格子门装饰上部有横批窗，间挂竹帘，下部柱间装有钩栏（木头衔接处以金粉点缀，为木质镶铜）。斗拱绘法规格装饰化，拱眼壁涂石青，脊饰瓦兽、博风板、垂鱼、惹草皆以金粉描之。

此图所绘建筑物立于周秦、西汉盛行之高台上，台基精巧崇伟，旁依松岗池水，间植各式杂种花卉，景物繁密，装饰性重。远处云雾重重，台基上仕女乐舞，睇日边双凤翱翔，似天宫楼阁非人间。该画画风近于王振鹏（1275—1328）而加上重设色，属于新旧风格的融合，可能是元代宫廷画家所作。

赵伯驹（1120—1182），字千里，为宋太祖七世孙，赵令穰之子。善画山水、花禽、竹石，尤长于人物，精神清润，能别状貌，使人望而知其详。多作小图，流传于世，楼阁界画尤妙，其画风为南宋院派流行形式，用笔用色皆精谨写实。该画诗塘有明董其昌题"赵千里学李昭道宫殿，足称神品，董其昌审定"。

阿阁图
宋代　赵伯驹（传）
绢本　设色
73.3cm×55.6cm
台北故宫博物院藏

汉宫图

公元前202年，楚汉相争结束，刘邦做了皇帝，建立汉帝国，定都长安。当时江山初稳，刘邦并不愿大规模营造宫殿。但汉朝毕竟统一中国，是为一个泱泱大国，不重礼不行。当时的丞相萧何就对刘邦说："天子以四海为家，非壮丽无以重威，且无令后世有以加也。"于是刘邦下令建筑了豪华的长乐宫、未央宫。公元前104年，汉武帝又在长安城内先后兴造了桂宫、北宫、明光宫，更在长安城的西郊修造了千门万户的建章宫，达到汉宫极盛之景。后王莽篡位兵败，未央宫被焚。再到后来，赤眉军攻陷长安，则将汉时宫殿焚烧殆尽。

汉宫虽毁，可汉代宫室之美轮美奂在汉赋中已被渲染得淋漓尽致，后世人对其无限景仰，因此汉代之后有许多绘画作品都以汉宫为名。现台北故宫博物院藏有一幅无款，旧题为赵伯驹的纨扇形式小册页《汉宫图》。描绘一处宫廷苑囿，庭院内装饰有太湖石，植有芭蕉树木，甬道上铺着彩色地毯。雉尾扇下，宫女手拿着各种乐器、法器，列队两行，簇拥着一位贵妇徐徐而行。湖石旁有一座两层殿阁，楼阁的结构严谨写实，比

汉宫图
宋代 赵伯驹（传）
册页 绢本 工笔
直径24.5cm
台北故宫博物院藏

例准确，用笔极为工整细腻，尤其采用正面透视，将屋内陈设一一呈现于眼前。

据说这幅画中描绘的是宫廷后妃在七夕时节登高楼向织女乞求得巧的活动。七夕对于中国古代妇女来说，是个非常重要的节日。每到这一天，她们会于夜晚在高楼上祭拜织女，希望能有织女般的巧手。而此图名为《汉宫图》，可见“汉宫”不过是后世画家对历代宫廷的假托罢了。

绘画史上，除了《汉宫图》外，还有两种以“汉宫”为题材的作品十分流行，其一是《汉宫春晓图》，其二是《汉宫秋月图》。

“汉宫春晓”是中国人物画的传统题材，主要描绘宫中妃嫔的生活。虽是人物画，但常常以豪华的皇家园庭殿宇作背景，表现华缛藻丽之风。“明四家”之一的仇英及清代民间的界画大师袁江、袁耀父子都曾画过这一题材的作品。

清代乾隆时期的院画家周鲲、张为邦、丁观鹏、姚文瀚也合绘过一幅《汉宫春晓图》。此图为长卷，无论内容或布局均极繁复。宫廷内各种活动情节几乎都可以单独构成完整的画幅，然而画家巧妙地把这些内容串联起来，形成一曲相互呼应的长篇华彩乐章。

画面上桃红柳绿，正是春深时节，雕梁画栋，朱阁玉栏，水阁殿宇，千步回廊，重重叠叠，可谓宫深如海。更有奇花异草、苍松翠柏点缀其间，还有瑞鹤、祥云回翔缭绕，好一派皇家富贵气象。

画中妃嫔宫女三五成群，或漫步庭中，或对坐闲谈，又有扑蝶的，对弈的，刺绣的，还有歌舞游戏的，皆无忧无虑，自由自在，各得其乐。然而仔细思量一番，自古皇宫内院，佳丽万千，美女如云，能“三千宠爱在一身”的又有几人？这些女子中，许多人一辈子都无缘见皇上一面，更不要说后宫之内，争风吃醋，勾心斗角，暗箭伤人。汉朝宫室之内，刘邦驾崩之后，吕后派人砍去了往日情敌戚美人的四肢，剜去她迷人的双眼，再用药熏聋耳朵，强迫她喝下哑药，然后扔在厕所里，让她在受尽折磨之后，无声地死去。还有唐王室中，武则天为嫁祸于情敌，竟亲手扼死自己的亲生女儿。如此这般，听来便让人毛骨悚然。因此在历来的《汉宫春晓图》中，在金碧辉煌的楼阁殿宇的映衬下，“宫怨”才是一个永恒的主题。但是这件作品的几位作者身为宫廷画师，是万万不能表现宫内的这些阴暗面的，为讨皇上欢心，他们只能在华丽的宫室中，绘出这些美丽“幸福”的女子，美景佳人相得益彰，营造出一幅虚幻的宫乐图。

“汉宫秋月”原是中国的十大古曲之一，可用琵琶、二胡、古筝等多种乐器演奏，曲调婉转、哀伤，表现的是古代被迫选入宫廷的女子，在冷落寂静的秋夜，满腔愁怨，感叹着“年年花落无人见，空逐春泉出御沟”的悲惨命运。《汉宫秋月图》即是表现与此曲相同的意境。因此这一题材与“汉宫春晓”实为

汉宫秋月图（局部）

异曲同工，所不同的是，《汉宫秋月图》的哀伤之情常常毫无掩饰地溢出画幅。

“汉宫秋月”的代表人物莫过于王昭君。据说按汉时的宫廷惯例，入宫女子须先经画工描摹，然后呈上御览，准备召幸。可王昭君应召入宫后，不愿巴结贿赂宫廷画师毛延寿，毛延寿怀恨在心，便在她脸上添了一块“伤心落泪痣”，从此昭君便只得在汉宫秋月中打发那寂寥的岁月。

汉元帝竟宁元年（前33），匈奴首领呼韩邪单于来长安求婚，汉元帝决定从众宫女中择一人和亲匈奴。由于异国地理环境、风俗习惯的迥然不同，以及语言的差异，远嫁异国的生活定是十分悲苦的，因此宫女们谁都不愿远嫁他乡。可是王昭君却毅然上书，请求远嫁匈奴。临行之前，昭君至御座前辞行，元帝这才发现昭君风华绝代。然而君王一言九鼎，不可反悔，只得忍痛割爱，封昭君为公主，和亲匈奴。为此元帝怒斩了画师毛延寿，并一同株连了宫廷内外的百名画师。

在现代人看来，昭君是个大气的女子，她不愿用皇宫的高墙束缚自己的一生，也不愿意成为宫廷倾轧的牺牲品，更不愿意成为帝王的陈设和玩物，是她的勇敢、果断成就了“昭君出塞”的千古美谈。不过后世人赞美之余，也在反复琢磨，深宫内院究竟是何等的凄凉、悲苦，能给一个弱女子如此大的勇气，甘心嫁到草原大漠中去。

界画大师袁江之子袁耀有两幅《汉宫秋月图》传世，藏于天津市艺术博物馆的那幅最为精妙。画面远山如黛，当空一轮明月，照耀着富丽堂皇的宫殿。然而无论怎样瑰丽的宫殿，在观者看来都是悲情宫女一世挣脱不出的樊笼。袁耀在这幅作品中，一改袁氏父子招牌式的以石青石绿重染宫殿建筑的画法，而只将梁栋间轻描几笔色彩，使之有宫廷建筑的感觉。

画面近景处，两名困倦的侍者靠着雕花栏板席地小憩。古松之后的亭阁内，一女子正凭栏吹笛。这一切在皎洁月光的笼罩之中，显出幽深的意境，传递出一丝淡淡的哀愁，打动人心。

建章宫图

建章宫图
元代 佚名
纸本 墨笔
27.8cm×65cm
台北故宫博物院藏

汉代神仙方士之说极盛，汉武帝听信方士之说，仙人好楼居，故起建章宫，复筑神明台与井干楼，促成了高台建筑的发展。建章宫建于西汉武帝太初元年（前104），是在夯土台基上修建的宫殿群。根据文献资料记载，由建章宫前殿可俯视未央宫，东有凤阙，北有圆阙，还有太液池等大小池以供舟游宴乐，规模之大为汉代第一。屋脊部分绘有花纹装饰，或许是表示琉璃瓦饰，屋面画出瓦陇线，檐边绘有飞椽、檐椽。柱间有一至三朵补间铺作，唐代多只用柱头铺作，

宋之后由于间广加大或以补间为装饰，才加补间铺作，但距离不均等。元代补间斗拱的排列较宋稍均匀，形制亦较规格化。

元代斗拱结构作用减退，用料减少，不用梭柱、月梁，而用直柱、直梁。此图斗拱为元明以后的风格，已无出跳位置不等的早期特点。昂多作“琴面式”，元代“批竹式”已临绝迹。此画外檐装修在檐口下立柱，柱间加斜格眼横披，下装重台栏杆。广场中的土筑高台——基坛，有石梯蹬道可登，是瞭望或祭祀用的建筑。台的平面为正方形，下边立面收分向上呈梯形。

建章宫图（局部）

在本院收藏的元朱宝（1293—1365）至顺元年（1330）所作“画妙法莲华经连相”第五卷泥金写本扉页，亦可见到此种高台建物，两者都非常接近河南登封县元代所遗留下来的观测天文的观星台。朱宝，字君璧，江苏昆山人，是著名画家王振鹏的弟子，擅长道释、界画，此图似乎与佛经插画风格有关。左方入口为板门，上有门钉（按建筑物等级来确定，不得任意使用，一般是用于宫门城门）、铺首，下有抱鼓石与石槛相连（元以后才多见，多用于北方宅院大门）门外古老形式的“乌头门”，作为通往重要建筑物的标志。乌头门的做法是先立两根挟门柱，顶套金属套筒，柱间连以横木，下装两扇门扇。门扇下段有腰华板，上部为直棂条。宋以后，乌头门又称“棂星门”。关于建章宫有许多文献记载，宫内有宫阙殿台、神明台、井干楼。井干楼以横木架成井字层叠而成，积木为高楼。又有凉风台，也是木构楼台。《汉书》记载，建章宫有玉堂璧门，台高三十丈……可能是以汉白玉石材料铺地面和阶梯，以玉璧饰门。门上装饰金属门环铺首，极为精巧华丽。

吹箫引凤图

相传春秋时，秦国国君秦穆公有小女，名为弄玉。弄玉姿容绝世，聪明无双，通晓音律，喜好吹笙。秦穆公命能工巧匠为其精心雕琢一支玉笙，同时在宫中建造凤楼，给女儿居住。凤楼前有一座高台，名曰“凤台”，弄玉常常在凤台之上吹奏玉笙。

待弄玉15岁时，秦穆公便想为女儿召邻国王子为婿，可是弄玉发誓说，非通晓音律者不嫁。于是秦穆公又派人四处寻访擅长箫笙的人，但都不如所愿。

一日夜里，弄玉于梦中见到一位俊美男子，骑着彩凤，自天空徐徐而降，落在凤台之上。男子自称“华山主人”，说罢从腰间解下一支赤色玉箫，依栏吹奏，那只彩凤也伴随着乐声翩翩起舞，舒颈长鸣。凤声箫声和谐如一，抑扬顿挫，声声入耳，美妙的乐曲使弄玉如痴如醉。天亮后，弄玉把梦中情景告知父王，穆公立即派朝臣以公主所描述的梦中男子的形象到华山寻访。

朝臣找到华山明星崖下，果见一人，玉貌丹唇，神态超凡

吹箫引凤图
明代 仇英
册页 绢本 设色
41.1cm×33.8cm
故宫博物院藏

脱俗，气度潇洒文雅。此人名叫萧史，朝臣将其带入宫中拜见穆公。穆公见萧史举止不凡，心中甚为欢喜。待弄玉来看，此人正是梦中之人，于是秦穆公立即安排二人成婚。

成婚之后，夫妻情投意合，美满无比，时常在凤台上箫笙和鸣。弄玉在萧史的指点之下，很快就掌握了吹箫技艺，她能模仿凤凰之声，引来凤凰围绕她翩翩起舞。这就是“吹箫引凤”的传说。故事的结尾是萧史和弄玉双双乘凤凰而去，飞升天界成仙了。

这个传说在我国古代很有名，也是画家们常常表现的题材。“明四家”之一的仇英即有一幅《吹箫引凤图》传世。图中画一座高台耸立于山间，一对衣着华丽的夫妇坐于台上，那个正颔首吹箫的女子定是弄玉，在她的箫声引诱下，两只凤凰自远山飞来，围绕高台翩翩起舞，引得台上的宫女惊奇相望，点出了画面的主题。

占据画面主要位置的“高台”即是传说中凤楼前的凤台。在中国的古代建筑中，“台”是一个很重要的构件，许多大型的建筑都建在自然形成的或是人为加工筑造的“高台”之上。这样可以增强建筑的雄伟气势，营造出威严的气氛。由于凤楼是秦穆公建给女儿用的，因此仇英在表现凤台时，着意刻画了台基、栏板、柱头等处的装饰，使其少了几分“高台”的严肃感，而呈现出女儿家的华丽妩媚，也正好与“吹箫引凤”的美丽传说意境相符。

仇英是明代画坛四大家之一，与唐伯虎、文徵明、沈周齐名。然而与其他三人皆书香子弟不同，仇英出身寒微，初事漆工，后转而习画。曲折的习画过程和丰富的人生阅历，使他练就了一手山水、人物、花鸟、青绿、水墨、工笔、写意、界画无所不能的本领，形成了兼收院体、文人、民间三画之长的个人风貌。明代三百年间，以传统界画楼阁闻名者，只有仇英一人。像这幅《吹箫引凤图》中描绘得如此工整精致的建筑，在明人的作品中是难得一见的。

辋川图

画面中王维的别业于群山环抱中，树林掩映，亭台楼榭，古朴端庄。别墅外，树丰水清，偶有舟楫友人来往，意境淡泊超尘。也正是如此，此画旷古驰誉，元代汤垕在《画鉴》中说："其画《辋川图》，世之最著也。"

王维（701—761），唐代诗人、画家。字摩诘，原籍祁（今山西祁县），随其父迁于蒲州（今山西永济），遂为河东人。玄宗开元五年（717）进士，与弟缙并以词学知名。后官至尚书右丞，世称"王右丞"。晚年归隐长安以南的蓝田辋川，购买了原属宋之问的"蓝田别墅"。其母死后，王维将该处改为佛寺，晚年居住于此。《辋川图》本是王维晚年隐居辋川时的作品，但此卷应为唐人摹本。

我们在王维的诗中可经常看到他描述当地秀丽景色的词句，当然，那些山峰、河流、水边庭阁和村舍也出现在他的绘画作品中。不过王维并未有山水作品流传于世，所以我们没有任何证据证明他的山水画同他的诗一样出色。唐代留下的关于王维的画风的描述不甚明确，但提到他的山水画至少具有两种

辋川图（局部）
唐代 王维（传）
绢本 设色
日本圣福寺藏

风格：彩色绘画和泼辣明快的“泼墨”水墨画。在王维故去多年之后，宋代的大文学家苏轼在绘画领域内给王维以很高的评价，并说他“诗中有画，画中有诗”；到明代，董其昌更是推崇王维为“南宗之祖”。作为一位文人，他从事绘画只是为了消遣，而在后世得到这么高的学术评价，想必王维自己也料想不到。

王维曾为辋川二十景赋诗四十篇，结成《辋川集》。我们从《辋川集》的序中可知，辋川有孟城坳、华子冈等二十处。《辋川闲居赠裴秀才迪》一诗可与我们所见的这幅《辋川图》相印证。诗中云：“寒山转苍翠，秋水日潺湲。倚杖柴门外，临风听暮蝉。渡头余落日，墟里上孤烟。复值接舆醉，狂歌五柳前。”在《新唐书·王维传》中有此记载：“与裴迪游其中，赋诗相酬

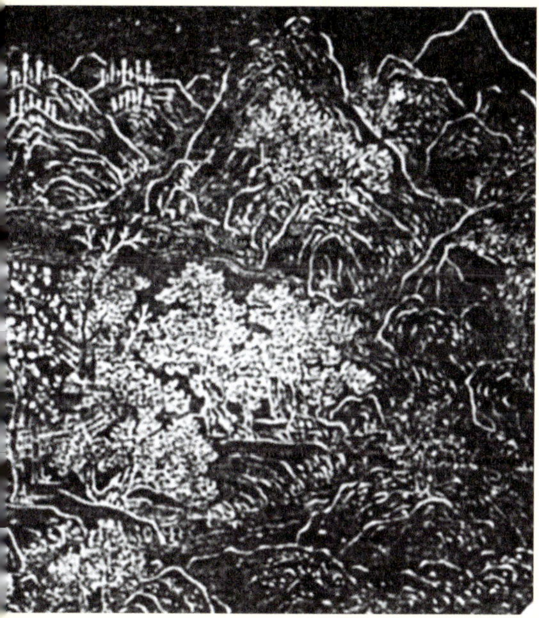

辋川图（之一）
华子冈
版画
明万历刻本

为乐。”诗中“寒山”、“秋水”、“柴门”等意象，勾勒出王维诗中一贯的画面感，也正与绘画中的景物相对应。图中建筑部分和自然景色以一道矮墙相隔，这已经不同于秦汉至唐代流行的坞壁。在内蒙古出土的和林格尔东汉壁画墓中，我们亦在地主庄园的图像中可见防御功能的高墙建筑。而在这里，王维田园牧歌式的晚年生活是和老朋友们相酬为乐的。在图中，我们可见歇山顶的中堂之上有两把空椅，乐尽宴散之后，主人门前树下送别聚会的友人们，友人们于船上恋恋不舍地挥手告别。王维居所建筑结构为中轴对称，拾阶而上为前厅，回廊曲折，后厅为重檐歇山顶。中轴线左右两侧各有两座亭台，为观景之地。

唐代之后，《辋川图》演变成一种固定的绘画样式。如明万历丙辰郭漱六刻宋郭忠恕《辋川图》临本石刻拓本和万历癸卯

王邦才刻《辋川图》总图石刻拓本等。除此之外，还有分散在各地众多的辋川类型作品。这些版本反映的并不单单是绘画史的内容，还暗含了丰富的文化因素：当时文人士大夫的隐逸生活。唐以前的隐者大多是在政治失意的情况下才开始隐逸的，而唐代的许多文士则在青少年入仕之前就有一段隐逸经历，比如李白17岁时便有“仗剑去国”的诗句。和自然亲近成为文人的一种自觉行为，而有能力购置有园林气氛的别业的文人士大夫更可以此来区别于一般住宅，借此养其浩然之气。

该幅《辋川图》石刻本制作于1617年，是根据北宋郭忠恕的临本制成的。图中所示为从“华子冈”到“漆园”，皆属王维别业中的景点。石刻在某种程度上忠实地反映了绢本《辋川二十景图》的面貌，树木林石“笔触清晰”，生动流畅。

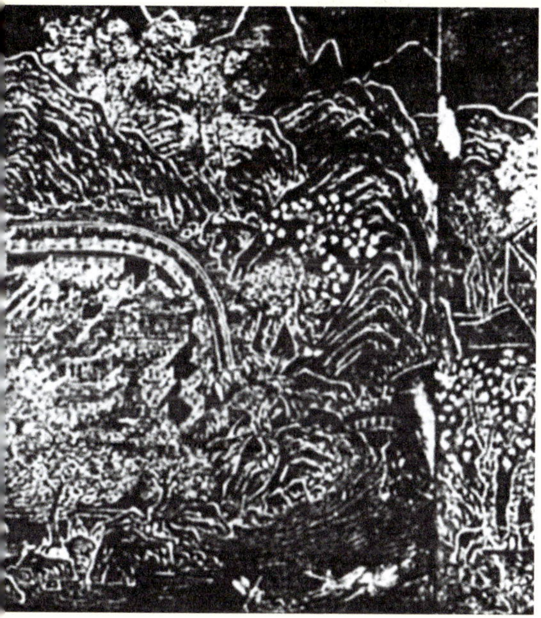

辋川图（之二）
辋口庄
版画
明万历刻本

《辋川图》的声誉直至今日仍然不衰，至少有以下两种原因：一是各朝各代都有这幅画的各种临本；二是在后世的画史画论中备受文人画家推崇，尤其是在元代初期以后。

《辋川图》的意图之一便是描绘辋川一带的真实景物，颇有写实主义的特征。图画以写实为主，并用题字来标明不同的地区称谓，力图使到真实场景中游玩过的人，通过画面能认得出所绘风景。除了写实以外，唐代《辋川图》并没有逃出唐代表现事物的一贯风格——绘画中的人或物会根据其重要程度而被画家有意地放大或缩小。在《辋川图》中，每段景色中的标志性建筑和风景都被放大了，如辋川庄园、孟城坳、华子冈。尤其是辋川庄园，想来本应是山峦中的一座庭院，远望或许不得观之；而在此图中，它和周围的树木、山峦相比，被夸大了

辋川图（之三）
北垞
版画
明万历刻本

很多。

《辋川图》手卷是长卷形的全景描写，并且给了观者一个俯视的视角——作者将画中的地面向观者倾斜，但是图中的房屋和树木对观者来说却是平视的。这种视角的不平行在中国古代地图的绘制上体现得更为明确，再加上景物旁的榜题，以致研究地图学的人士们认为，这幅《辋川图》也具备地图的性质。更像地图而不像山水画的是，画中每一段都有每一段的主题，如华子冈、漆园等。而每一段和每一段中间大多是由高耸的山峦来分隔的，有些分隔是合乎视觉审美的，比较和谐，而有些分隔略显生硬。

在所描绘的景物中，我们可以发现作者对某些山石的刻画已经用了皴法。在传为宋人摹王维《辋川图》卷中，部分青绿

山石上也出现不甚明显的披麻皴。难道在王维时代就已经出现皴法？在今日所见的唐代画作中，笔法不出线条和晕染。大概应是在之后多次临摹中，不免加上了后代已有而唐代还未出现的一些新技法。毕竟在郭忠恕的年代，披麻皴已经存在；而且说是临摹，也不免很多临摹者只临意境，少究笔法。从现在的记录和研究看，也很难说王维究竟在笔墨上对后世水墨的发展有什么重要影响。

究竟是什么原因使得这幅没有流传下来的画被临摹了又临摹？到明代的文徵明，乃至清初王翚，都还有题为《辋川图》的作品。究竟是什么原因让王维这样一位文人在后世名声鹊起，成为文人画家的精神领袖并冠以“南宗之祖”？让我们先来看看北宋郭熙的《林泉高致》，他说，山水有可行者、可望者、可

游者、可居者，皆入妙品。又说，但可行、可望，不如可游、可居，并由此引出了他的“可游、可居”说。而《辋川图》中的水、桥、亭榭乃至居所所营造的都是与人相关的生活情境，完全符合郭熙所说的可游、可居。而文人的山水旨趣，便是营造一个可在其中栖息流连之地，一个安顿心灵的理想场所。

王维曾作诗，将华子冈到漆园中的各个景点一一咏诵，用他熟悉的这两种表达方式，抒归田园居之情。历代诗人也以相同方式和之，历代跋《辋川图》的文字很多，秦观在《书辋川图后》中说，阅此可以愈疾，可使他消除凡事劳心之病苦；苏轼夸赞王维的话语使人耳熟能详；黄公望亦有诗题王维画：“一段深情谁得似，故知辋口味应长。”

辋川图（之四）
南垞
版画
明万历刻本

王维在南宋后期直至元代被重新认识，也就在于他在山水中表达了文人的生活理想，这为以后山水画意境的表现开辟了新的方向；他也探索了绘画和诗歌这两种艺术表达在东方文人中的共通规律。王维的真迹已经不存，后世的摹本和石刻也并不能说明王维的个人特色和时代风格，但这并不影响《辋川图》在历史中的作用。我们正是在各种版本的流传中，看到了“辋川”作为一个题材、一种精神力量，是如何参与历史、影响历史的。

明皇避暑宫图

明皇避暑宫图
宋代 郭忠恕
绢本 墨笔
161.5cm×105.6cm
日本大阪国立美术馆藏

由此画的题名可知画中所绘的是唐明皇李隆基避暑时的宫殿九成宫。该画传世有多个版本。画中的殿阁、楼台、水榭、回廊临水依山势而建，楼阁重重，层层递进，宫柳蔽于殿外，景色宜人。宫室建筑宏伟壮丽，结构复杂，细密精工，造型准确。远景处逶迤的山石呈卷云状，与近处横平竖直的界画宫殿形成对比，使画面工整而不失生动之势。

唐代的九成宫遗址位于今陕西省关中西北部的麟游县城内。九成宫建于隋文帝开皇十三年（593），开始时名叫“仁寿宫”，唐太宗贞观五年（631）修复扩建，更名为“九成宫”，并添置林苑、武库及宫寺。唐太宗每年都在此避暑纳凉，九成宫从此也成了盛唐时期君臣活动的重要场所，甚至一度为全国政治、军事、文

化的中心。其四面群山环抱，西南绿水回绕，林木丰茂，景色秀丽。优良的地理位置使这里夏无酷暑，气候凉爽宜人，因而隋唐的皇帝选择此处兴建避暑离宫。

现在的九成宫遗址只留有唐宫廷水井、点将台、武则天梳妆台、北城门等处供游人游赏。而九成避暑宫殿当年规模宏伟，景色壮丽的建筑盛况，只有在界画大师郭忠恕的《明皇避暑宫图》中尚可领略一番。

郭忠恕是我国五代宋初时的画家。他自幼聪颖，7岁举童子试及第。宋太宗太平兴国元年(976)，郭忠恕授国子监主簿，但后来因肆论时政得失，被流配登州，死于途中。郭忠恕一生才学过人，工于书法，对文字学有专门的研究，还著有《汗简》等书。而在绘画方面，他最长于画宫室、舟车，亦能画山水。郭忠恕所绘宫室建筑，重楼复阁，深远透空，一去百斜，莫不折算无差，甚至精确到可使人据图施工造屋。最重要的是，他的建筑画具有极高的艺术审美价值。

界画在我国画史上因要求中规矩、合法度而被认为是匠人之作，向来为文人所不耻。但是在历朝的绘画理论中，郭忠恕的界画往往能得到极高的评价，就在于他的建筑画没有失掉绘画的趣味。虽一点一笔，务求绳矩，但不拘板，常常通过对地理环境的生动描绘，人物活动的巧妙安插，使画面有了灵动的感觉。

蓬莱仙岛图

蓬莱仙岛图
清代 袁江
轴 绢本 设色
160cm×97cm
故宫博物院藏

山东省蓬莱县（今莱州市）位于渤海南岸。站在蓬莱海边向北望去，只见一片汪洋，除了滚滚海浪，没有任何东西，然而自古以来却一直流传着“蓬莱仙岛”的神奇故事。“蓬莱仙岛”是我国古代神话传说中的海上神山，是神仙居住的地方，山上的宫殿全部用黄金、白银建成，里面有珍禽异兽、奇花异草，还收藏着不死之药。据说人吃了这种不死药，就可以长生不老，甚至还能起死回生。

史书记载，早在两千多年以前的战国时期，地处渤海边沿的齐国威王、宣王和燕国昭公，这些诸侯王公梦想长生不老，都曾派人驾船出海探寻神山仙境。后来秦始皇东巡时，也听信了海上有神山的传说，多次派人去寻神山，找仙药，甚至还让方士徐福带着许多童男童女一起乘船出海。

当然，大海中并没有神山，更没有灵丹妙

蓬莱仙岛 戊子嘉月
邗上袁江画

药可以使人长生不老，那些出海求仙的人往往一去不见踪影，不知是在海中漂泊，还是流落他乡。所谓的“蓬莱仙岛”，其实是在我国山东蓬莱海面上出现的“海市蜃楼”现象。公元11世纪末，沈括在《梦溪笔谈》中就有记载：“登州海中，时有云气如宫室、台观、城堞、人物、车马、冠盖，历历见，谓之海市。”古时人们看到这样的景象，不懂其中的科学道理，自然会感到惊奇和迷惑，故以为那就是升天成仙的去处。

在民间广为流传的神话故事《白蛇传》中，也有白娘子历经艰险到“蓬莱仙岛”盗取“仙药”灵芝，使许仙起死回生的情节，为百姓津津乐道。可见“蓬莱仙岛”的传说在宫廷和民间都很有影响力，因此历史上不少画家都画过以仙岛为题材的作品。

袁江的《蓬莱仙岛图》堪称是这一类画中的精品。他紧紧扣住“仙岛”二字，以严谨而富有想象力的构图，纯熟而精湛的笔法，丰富而明丽的色调，把雄伟壮阔的海上“仙山琼阁”展现在人们眼前。画面近处，岗峦崖岩，其间深涧处有雕花石桥飞架。中部建有一座楼台庭院，规模宏大，重檐灰瓦金顶，朱柱彩梁画栋，玉砌雕栏错落有致。院落四周，苍松翠柏与鲜艳的红梅相互掩映。远处高山拔海而起，层峦叠嶂，起伏峥嵘，直冲云天。高山峡谷中一条曲径隐现，蜿蜒通入幽处。往右上方看去，海浪翻滚，惊涛拍石，水中礁石一处，有仙鹤三五群集，远方另有二鹤正穿云破雾自水天之际飞来。近景处还点缀数人，或凭栏观涛，或闲话中庭，或漫步于石桥、甬道，衣冠轩昂，意态娴雅，他们大概就是传说中的仙人，而石板桥上，白鹿的背篓中那红色的花草也许就是“不死之药”吧！飘忽迷离的白云轻雾，缭绕于楼台、岩树、海水、天空之间，远景云水一色，浩浩汤汤，无边无际。整个画面呈现一派“神仙”境界，给人以神秘奇幻的感觉。

这幅《蓬莱仙岛图》描写的虽是可望不可即的“神仙境界”，然而图中所表现的一切却以现实生活中的物象为依据。那海上仙山，其实就是画家以写生中的名山大川为基础，融合江南园林中假山、奇园的造型，再根据古画中的奇景加以夸张变化，创造出这种如同梦幻般恢弘而幽奇的造型。还有那座神殿，富丽堂皇，描画得工细入微，一丝不苟，透视比例精确而法度严谨，简直可以同现实中建筑大师的立体设计图相比拟。画家将这组建筑安排在仙山这个特定的环境当中，以峻峭的山石为依托，以镜泊的湖水和翻腾的大海为陪衬，主宾得体，虚实合度，真是“登斯楼也，则有心旷神怡”的感觉。

韩熙载夜宴图

此图描绘五代南唐大臣韩熙载放纵不羁的夜生活，以长卷形式展现了夜宴活动中观赏琵琶演奏、击鼓观舞、坐卧休息、聆听管乐、友人送别五个互相联系而又相对独立的场面，其中观赏琵琶演奏和聆听管乐部分尤其精彩。此作品无款，有南宋、元、明、清代人题跋。

此图传为顾闳中所作，顾闳中为五代南唐画家，中主李璟朝待诏；工画人物，善写神情意态，用笔圆劲，间有方笔转折，

韩熙载夜宴图
五代 顾闳中
长卷 绢本 设色
28.7cm×335.5cm
故宫博物院藏

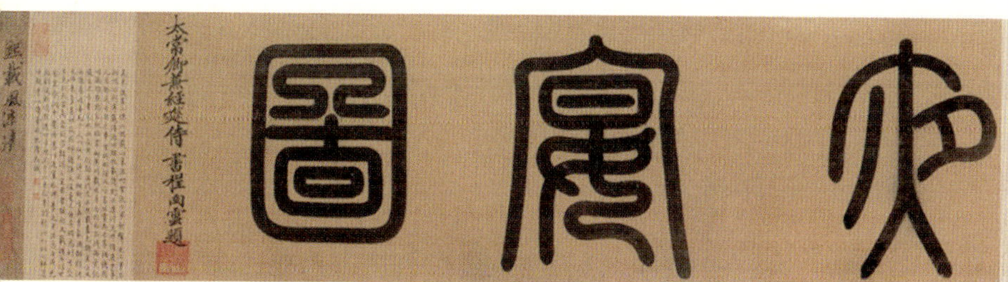

设色浓丽。

韩熙载原为山东北海人，长于文学，富有抱负，投奔南唐，曾侍烈祖、中主和后主。后主时欲任其为宰相，韩熙载对当时南唐前途已怀悲观看法，故生活放荡，好声色之娱。后主命人秘观其夜宴并作图以示讽劝。根据可靠的史料来看，韩熙载是一位颇有才艺和正义感的政治家，或许李后主也是一位艺术家和开明的君主。

这幅画首先是在宋徽宗的绘画藏品目录中提到的，但据画史所录，在南唐时曾以“韩熙载夜宴图”为题的作品就至少有三幅，而现存于故宫博物院传顾闳中所绘的宋人摹本应是保存最好的一幅摹本。有学者提出在与其他摹本的比较中可知，他们所依祖本的作成时间应早于北京故宫本。有学者提出图中屏风中的山水半边构图以及家具造型简单轻巧的风格可断定北京故宫本应出自南宋画家之手。

《韩熙载夜宴图》充分发挥了中国古代绘画散点透视的原理，以手卷式由右向左连续展开夜宴的场景，并巧妙利用屏风将全卷分为几个场景，在不同的时空，使所描述的同一群人物活动于其间，如此使观者有亲临夜宴现场享受乐舞的全过程之感。作者在手卷中没有描绘任何建筑构件，而是利用家具陈设来表明这是建筑内部的空间，利用屏风做内容上的分割，利用床榻、座椅几案来构筑各场景之内的活动空间。作者的视角根据人物的活动而改变，我们虽然不得而知人们在夜宴过程中是否换了不同的房间——从家具陈设上看每个空间内的摆设都不一样，但我们可以认定一件事：作者将宴饮这一发生在私密空间内的事件，通过绘画的形式，展示给我们的已经是一个半开放的空间了，并以时间为序，横向排列在同一画面中。

韩熙载形象的塑造极具肖像画特点，神态抑郁，同夜宴的欢快及友人的其乐融融颇显隔阂。其面部刻画细致，身材明显比其他人高大，这些都是为了突出他的身份和地位。这种通过体积的大小来表现人物主次和活动中心的手法是中国画中的常用手法。

除此之外，我们通过观察可以发现，韩熙载在手卷中不论站立，基本处在同一水平线上。在观赏琵琶演奏的场景中，韩熙载与一位身着红袍的男子同坐十塌上，隔着食桌，同坐在靠背椅上和在旁边站立的友人共同观赏琵琶弹奏。在击鼓观舞场景中，韩熙载站在鼓后挽袖挥槌。在坐卧休息的场景中，韩熙载袒胸露乳盘腿正坐在靠背椅上，右手执扇，似正与面前的侍女谈话。在友人送别场景中，韩熙载右手执一对鼓槌，挥左手告别。无论韩熙载处在站立或坐的状态，其落脚处基本处于同一水平线上；而图中其他人物的位置在每个场景中都有所变化，这也是作者突出主题人物的方法之一。

前三幕身形向左侧，牵引观者视线继续左行，最后友人送别一幕，韩熙载身形向右举手，使视觉回转。

值得一提的是，《韩熙载夜宴图》是暗地里观察默记之后，由画师回到画室中完成的。宋代陈造继续苏轼主张“欲得其人之天，法当于众阴察之”，又提出“默识”，既把观察所获默记在心，将成熟的形象画下来。而默记人物的能力比默记自然景物难得多，所以这幅受命观察、目识心记后所绘的《韩熙载夜宴图》堪称五代绘画的代表之一。

雪夜访普图

雪夜访普图
明代 刘俊
立轴 绢本 设色
143.2cm×75cm
故宫博物院藏

图中描绘了宋太祖赵匡胤在大雪之夜访问宰相赵普时的情景。根据《宋史·赵普本传》记载："太祖数微行过功臣家，普每退朝，不敢便衣冠。一日，大雪向夜，普意帝不出。久之，闻叩门声，普亟出，帝立风雪中，普惶惧迎拜，帝曰：'已约晋王矣。'已而太宗至，设重裀地坐堂中，炽炭烧肉，普妻行酒，帝以嫂呼之。因与普计下太原。"明代刘俊的《雪夜访普图》描绘的正是这一历史情景。

在门庭宽敞、庭院深幽的枢密副史赵普的府邸内，前厅正中二人围炉而坐。上首坐者为宋太祖赵匡胤，他头戴硬脚幞头，身穿黄色盘领窄袖独窠龙纹袍服，腰系排方蹀躞带，身材魁伟，气度不凡。是时，他表情庄严，正侧首聆听赵普如何用兵北汉、计下太原。身着便服的枢密副史赵普在其下首侧坐，他头戴软脚幞

头，身穿青衫，再无别饰，正拱手胸前，侃侃而谈。君臣二人眼神相对，史实证明此次谈话气氛极为融洽。

谈话还在进行，观者仿佛可见谋臣赵普下颚上的胡须随着面部肌肉一动一动。二人面前摆了一个十字攒盒，两只小碟子，火盆之中铁架上的烤肉已经被盛在小碟中。火盆中还置一酒壶，赵普之妻手执酒盏立于旁侧，仿佛在等壶中之酒温热以后献于君臣二人。堂中空间通透，二人背后屏风构图也很疏朗，看笔意可知是大写意风格。厅堂中红地毯上的装饰看不清是花朵还是云纹，其模糊程度也许是画家有意将日常使用的磨损情况表现得恰到好处。屏风右边侧厅中可见摆放酒坛的酒架上有一支孤零零的蜡烛，这是图中可见唯一的光线来源。其后有一壶门通向后庭，我们可见后厅那被大雪覆盖的硬山式屋顶同前厅的一样。

为描写太宗于大雪中礼贤下士，作者不惜笔墨地描绘了雪竹、雪石、雪中的枯树，还有被皑皑大雪覆盖的屋顶和台阶，近岩远山均被夜色笼罩。赵府大门半敞，在赵府门外等待的四个侍从更是冻得缩手缩脚，擎伞盖的人头戴风帽，而最右侧的侍从直接将手缩进袖中捂住耳朵，而中间的大汉则用哈气取暖。

全幅布局疏密得当，平稳概括，风格继承南宋“院体”而有变化，属于典型的明代宫廷画风。此画借古喻今，颂扬君王的礼贤下士和臣子的忠心耿耿。正是因为这种政治的功用，作者有意放大画面中离观者较远的太祖和赵普及其夫人，弱化在大门前等待的侍从；而离我们较远的前厅足足比离我们近的大门大了几乎三倍。在画面中，决定人、物大小的不是透视比例，而是人物的身份和他们在画面中的地位作用。试想，当一幅卷轴从顶端展开，人们先看到的一定是空旷的远山和雪白的屋顶，之后看到厅堂之上对谈的君臣二人；厅堂和大门前的那段空间不但是建筑与构图的需要，同时也给了观者一个很好的让视觉休息的空间。更让人拍案叫绝的是，画家没有在这段通向厅堂的甬路上表现任何脚印，所以我们可以推断，如果不是太祖和赵普的对话已经进行了很长时间，起码也说明这一夜的雪下得很大。当观者的视线往下移动，寒风大雪中的侍从，更让观者体会到了君主治国之操劳和献策谋臣的风度。在明代，这种主题明确的故事画，就是以这种方式起到了“成教化，助人伦”的作用，从而为政治服务。

刘俊，生卒年不详，字廷伟，明代画家，人物、山水、界画均有着力。从这幅画来看，其用笔工秀挺立，人物面部刻画细致，衣褶方折，景物细腻而写实，屋宇精整，设色典雅。刘俊曾在明宪宗、孝宗两朝为宫廷画家，从画中左下角的题跋中可知，刘俊当时的职位是“锦衣卫指挥”。明代没有设立画院，但有宫廷画家，大多编入锦衣卫，授予武职，供奉于仁智殿、武英殿等处，归太监管理，地位较宋代画院画家低。

闸口盘车图

闸口盘车图
五代 卫贤（传）
绢本 设色
53.3cm×119.2cm
上海博物馆藏

作为五代传世的极少量的界画作品之一，《闸口盘车图》忠实地描绘了一座10世纪官营磨坊运营的真实情况。经科技史专家考证，画中水磨的机械结构绘制极其精准，完全可以按照图式加以复原，在古代建筑史和科技史上具有重要的研究价值。

《闸口盘车图》中，左边磨坊的主体建筑，画幅右侧的酒店，界画工整，手法写实。磨坊建筑为单檐十字歇山屋顶，只是两侧没有开气窗。而酒店的门前也画有曾经在《清明上河图》中出现过的店铺装饰即彩楼欢门。此外画家还组织安排了五十多个人物活动穿插于图中，将所有的建筑连缀起来，形成一个热闹的劳动整体。其中占画面幅度最大、人数最多的是在磨坊中从事磨面、扛粮、扬簸、净淘、挑水、赶车等的民工。余下的则是安置在左上角望亭里和右边酒楼上的一批官吏，正在关卡查点和饮酒作乐，他们和民工的紧张劳动成为不同社会身份和生活的鲜明比照。

以水磨为主题的界画正是兴盛于五代时期，这与当时的社会背景、经济生活有关。在五代中叶之后，在饱经战乱之后，统治者懂得恢复农业生产是当务之急，因为它不仅可以增加税收，还能起到稳定民心，缓和社会矛盾的作用。在当时，这些与农业生产相关的产业都得到了相应的发展。画家以水磨盘车为主题，也就完全有它的现实意义。

在画作的左下方隐约可见残存的四字楷书“卫贤恭绘”，有的专家认为《闸口盘车图》的作者就是卫贤。卫贤是五代南唐时期的画家，今陕西省西安人。

卫贤一生跨越五代至北宋两个朝代，到了北宋初期，社会安定，人民生活安逸，生产发展迅速，经济比较繁荣，生产工具不断有新的发明，并得到完善，被广泛应用在生产中，从而大大地提高了劳动生产力。在这样的社会背景下，卫贤有感而发，创作了这幅再现当时生产生活场景的风俗画卷《闸口盘车图》。

雪霁江行图

雪霁江行图
五代 郭忠恕
册页 绢本 墨笔
74.1 cm×69.2cm
台北故宫博物院藏

郭忠恕，字恕先，河南洛阳人。他的性格豪爽，行为放荡，在文章、篆隶书法及绘画方面却有很高的造诣。年轻时，在后周（951—960）做官，任国子监书学博士。到了宋朝，曾经为国子监主簿，但遭受贬职的处分。他特别擅长于界画，造型准确，严谨精密，被推为“当时第一”。他不但能把楼台殿阁画得详细精致，而且还合乎尺寸比例。这幅《雪霁江行图》上的船只，船身、船舱、舵楼、桅杆等都描绘得非常仔细，各部分的结构也非常严谨合理，是研究宋代船只的最佳参考资料。

此图无款印，画雪江上大船两只，船之结构及船夫劳作之状被刻画

大幅何年被割裂举绳列岸没人牵江行应识当雪霁剩有瘦金十字全

辛亥新正御题

得精妙入微。此图已经裁割，画面已不完整，画上有宋徽宗题“雪霁江行图郭忠恕真迹”。作者的白描线条极见功力，根根桅索笔直沉实，尤其两根伸向画外的长索自然下垂，弧度恰到好处，线描劲挺有力。画船帮的线条和绳索处不同，为了体现木质结构，运笔疏松灵活而不死板，弯曲穿插随兴而发，配以淡墨晕染，形体感觉很好。画家在处理水波和天空时只略勾几笔波纹，用清淡的墨色晕罩画面，使之迷漫着寒江阴霭、水天空阔的情意。全图体现了高度的和谐：空与密的和谐、曲与直的和谐、巨与细的和谐、力与度的和谐、人与自然的和谐、艺术和生活的和谐。

船篷顶为弧形或梯形，下方为轩房，格窗棂花有多种图案，窗子有“支窗”及“阑栏钩窗”两种式样，支窗是“可以支撑起来的窗”，窗扇有转框，上下开启，可遮阳光，避风雨；阑栏钩窗将格扇与栏杆结合，是安装有防护栏杆的窗。上部格眼用正、斜方格，下方障水板部分有壶门造型的木隔板及曲尺形棂构成的透空钩栏。船的底部甚浅，为维持船体的稳定，从主桅上有很多的缆绳延伸至船沿，从船上载满的货物可知为商船。船身、船舱、舵楼、桅杆都描绘得极好，结构严谨合理，将船的立体感及蓬顶堆积物品的纵深感都表现得很写实。虽是画舟船，但在北宋最杰出的屋木画家没有作品流传下来的今天，通过它来认识郭忠恕界画的水平仍是足够的。

图书在版编目（CIP）数据
名画中的建筑 / 许万里著. -- 北京 : 文化艺术出
版社, 2013.8
ISBN 978-7-5039-5633-1

Ⅰ.①名… Ⅱ.①许… Ⅲ.①古建筑—介绍—中国
Ⅳ.①K928.71

中国版本图书馆CIP数据核字（2013）第168695号

名画深读
名画中的建筑

著　　者　许万里
责任编辑　吴士新
封面设计　顾　紫
版式设计　刘林子
出版发行　文化艺术出版社
地　　址　北京市东城区东四八条52号　（100700）
网　　址　www.whyscbs.com
电子邮箱　whysbooks@263.net
电　　话　（010）84057666（总编室）　84057667（办公室）
　　　　　84057691—84057699（发行部）
传　　真　（010）84057660（总编室）　84057670（办公室）
　　　　　84057690（发行部）
经　　销　全国新华书店
印　　刷　北京图文天地制版印刷有限公司
版　　次　2014年1月第1版
印　　次　2014年1月第1次印刷
开　　本　635毫米 × 965毫米　1/32
印　　张　5.5
字　　数　50千字　图片100余幅
印　　数　5000册
书　　号　ISBN 978-7-5039-5633-1
定　　价　29.80 元